智库 中社 地方智库报告
Local Think Tank

迈向新阶段的
高质量发展

顺德推动高质量发展评价体系研究

广东省佛山市顺德区发展和改革局　著

中国社会科学出版社

图书在版编目（CIP）数据

迈向新阶段的高质量发展：顺德推动高质量发展评价体系研究/广东省佛山市顺德区发展和改革局著 . —北京：中国社会科学出版社，2022.4
ISBN 978-7-5227-0083-0

Ⅰ.①迈… Ⅱ.①广… Ⅲ.①区域经济发展—研究—顺德区 Ⅳ.①F127.654

中国版本图书馆 CIP 数据核字（2022）第 062120 号

出 版 人	赵剑英	
责任编辑	李庆红	
责任校对	王　龙	
责任印制	王　超	

出　　版	中国社会科学出版社	
社　　址	北京鼓楼西大街甲 158 号	
邮　　编	100720	
网　　址	http://www.csspw.cn	
发 行 部	010-84083685	
门 市 部	010-84029450	
经　　销	新华书店及其他书店	

印　　刷	北京君升印刷有限公司	
装　　订	廊坊市广阳区广增装订厂	
版　　次	2022 年 4 月第 1 版	
印　　次	2022 年 4 月第 1 次印刷	

开　　本	787×1092	1/16
印　　张	11.75	
插　　页	2	
字　　数	105 千字	
定　　价	68.00 元	

目　　录

第一章　广东省高质量发展体制机制改革创新实验区建设

一　从高速增长迈向高质量发展

2017 年 10 月，党的十九大做出了"我国经济已由高速增长阶段转向高质量发展阶段"的重大判断。推动高质量发展是保持经济持续健康发展的必然要求，是适应我国社会主要矛盾变化和全面建设社会主义现代化国家的必然要求，也是遵循经济规律发展的必然要求。习近平总书记指出，"高质量发展不只是一个经济要求，而是对经济社会发展方方面面的总要求；不是只对经济发达地区的要求，而是所有地区发展都必须贯彻的要求；不是一时一事的要求，而是必须长期坚持的要求"[①]。高质量发展是以满足人民日益增长的

[①]　习近平：《参加十三届全国人大四次会议青海代表团审议时的讲话》，《人民日报》2021 年 3 月 10 日第 1 版。

美好生活需要为目标的高效率、公平和绿色可持续的发展。在建党一百周年之际，我国已顺利实现第一个百年目标，全面建成小康社会。处在"两个百年"目标关键的历史交汇点，高质量发展是党中央提出的引领新时代现代化建设的重大战略，也是实现第二个百年目标的重要保障。从高速增长转向高质量发展，既是经济增长方式和路径的转变，更是体制改革和机制转换的过程。在当前国际国内发展形势下，推动高质量发展既有必要性，也具急迫性。

首先，推动高质量发展有助于我国顺利跨越中等收入陷阱。从国际经验来看，跌入中等收入陷阱的发展中国家主要有两个原因，一是经济发展缺乏新的增长动力；二是发展不平衡带来严重社会冲突和尖锐社会矛盾。我国在改革开放后利用后发优势实现了经济上对发达国家的快速追赶，但与此同时，发展"质量"短板也十分突出，存在经济结构不合理、技术瓶颈明显、收入分配差距扩大等矛盾。只有通过高质量发展，解决这些问题，我国才有可能迈过中等收入陷阱，走上现代化坦途。[①] 其次，高质量发展是更好满足人民群众对美好生活需要的根本路径。随着我国经济高速发展，城乡居民的消费水平、教育水平、医疗保

---

① 张军扩、侯永志、刘培林、何建武、卓贤：《高质量发展的目标要求和战略路径》，《管理世界》2019 年第 7 期。

障等方面有了极大提升。但与人民日益增长的对美好生活的需求相比，供给侧的现实却不令人满意：生态恶化、环境污染、食品安全、社会公共服务不足等，严重影响了人民群众的获得感和幸福感。只有通过推动高质量发展，才能让人民过上更高质量的生活。最后，推动高质量发展才能在百年未有之大变局中抢占战略制高点。在百年未有之大变局之中，各国经济地位必然随着以经济为基础的综合国力变化而变化。我国必须要依靠高质量发展，才能抓住百年大变局中的机遇，改变经济"大而不强"的局面，进一步提升在全球分工体系中的地位和话语权。

高质量发展是指在经济建设、政治建设、文化建设、社会建设、生态文明建设方面"五位一体"，全方位协调发展。具体而言，高质量发展体现在以下几个方面：第一，资源配置效率高、要素配置扭曲程度小，经济运行没有大起大落，运行平稳；第二，工农业产品和服务质量不断提高，与市场标准可接受的程度相适应；第三，技术水平不断升级，有相当一批产业能占据国际竞争优势，居于价值链高端和世界技术水平前沿；第四，制约人民群众生活质量的突出短板得以改善；第五，现代化诸方面均衡发展，协调推进；第六，国土空间上均衡发展，城乡区域间形成合理的空间布局，在高质量发展中实现发展水平大致均衡；

第七，更加突出公平参与和公平分享，国民收入和财富差距保持在合理范围内；第八，绿色可持续发展，以减碳为重点推进生态文明建设，形成绿色低碳的生活方式和生产方式，形成更加和谐的人与自然的关系，建设优良人居环境。

党的十九届五中全会通过的《中共中央关于制定国民经济和社会发展第十四个五年规划和二〇三五年远景目标的建议》中鲜明地提出，"十四五"时期，推动高质量发展依然是重要主题，关系我国社会主义现代化建设全局。从高速发展向高质量发展的转型，既是发展阶段的转换，更是发展方式和发展特征的转变。

二　顺德建设广东省高质量发展体制机制改革创新实验区的要求

2018年9月19日，广东省佛山市顺德区被批准为广东首个高质量发展体制机制改革创新实验区。实验区建设围绕实现高质量发展，着力造环境、造空间，大力推动制造智能化、创新全球化、发展绿色化，以村级工业园改造整治提升为突破口，大力推动工业4.0发展，加快构建现代化产业体系和全面开放新格局，力争实现三大目标，形成五种模式，到2022年形成

"顺德样板""顺德示范",为广东省高质量发展提供经验借鉴。①

一是为构建现代化产业体系和生态文明建设腾出空间。以"2019年大突破、2021年定格局、2022年成示范"为目标,按先后缓急,推动实验区382个村级工业园改造整治提升,实现"六个一"目标,即淘汰一批落后产能、拆除一批危旧厂房、整治提升一批旧园区、新建一批现代主题产业园、复垦复绿一批已建设用地、储备控制一批发展用地。基本改变"村村点火、户户冒烟"的小、散、乱、弱发展形态,为推动产业凤凰涅槃腾出发展空间,加快构建现代化产业体系。

到2019年,建立有效淘汰落后产能、根治环境污染与消除生产安全事故隐患的体制机制,村级工业园改造整治提升取得突破性进展。

到2021年,落后产能基本淘汰,危旧厂房基本拆除,建成一批现代主题产业园,现代化产业集聚区初步成型,村级工业园全面改造整治提升的局面基本确立。

到2022年,村级工业园改造整治提升成效进一步巩固,累计复垦复绿不少于10000亩;整合区、镇、

① 吴日辉:《2022年形成"顺德样板"》,《中国青年报》2019年2月21日第3版。

村工业园，形成 20 个 3000 亩以上的连片现代化产业集聚区，由区、镇统筹管理；规划建设的 30 个生态集约现代主题产业园全面动工建设，建立起现代产业园区体系。

二是以创新为第一动力推动产业优化升级、加快工业发展。大力发展实体经济，大力实施创新驱动发展战略，加大科技人才培养力度，增强科技创新能力，加快传统优势产业优化升级，导入科技型、创新型先进制造业，不断强化制造业优势，加快推动工业 4.0 发展模式逐步成型。到 2022 年，产业集群优势得到巩固提升，多项经济发展、创新指标大幅增长。

（1）将家电产业打造成为产值超 5000 亿元的世界级产业集群，机械装备产业打造成为产值超 5000 亿元的全国领先的产业集群。

（2）R&D 经费支出占 GDP 比重不低于 4%，达到国际先进水平；PCT 国际专利申请量 1000 项以上，每万人口有效发明专利拥有量 50 件以上；国家级研发平台实现零的突破；设立海外研发机构或技术合作平台不少于 40 个。

（3）经济发展质量和效益明显提升，百亿元规模企业超过 10 家；高新技术企业数量比 2017 年增加 50% 以上，高新技术产品产值占规模以上工业总产值比重达到 60%，制造业单位建设用地的产值和税收贡献比 2017 年翻一番。

（4）工业设计师数量超过 15000 人，工业设计成果转化产值达 3000 亿元，每万名从业人员中高技能人才数量超过 1000 名，达到全国领先水平，形成较强的国内外工业设计资源集聚效应，打造全国乃至全球有影响力的工业设计高地。

（5）高等学校服务创新驱动发展战略水平明显提升，建成佛山理工大学、北京科技大学顺德研究生院、东北大学佛山研究生院等院校，加强与南方医科大学的产学研合作，推动建设碧桂园机器人大学，在技术攻关、人才培养和创新成果转化等方面发挥明显作用；建设好顺德职业技术学院，培养一批符合工业 4.0 发展需求的应用型人才。

三是建立高质量发展的制度框架和政策体系。围绕高质量发展，大胆探索创新、先行先试，不断总结、提炼、推广好的经验做法。到 2022 年，在构建创新发展动力机制、资源高效配置市场机制、质量技术标准引领机制、绿色发展约束机制等方面，形成一批制度创新成果，探索出可复制推广的五种模式。

（1）形成"政府引领、市场主导、拆建并举、专业运营"的村级工业园改造整治提升模式。

（2）形成"企业家+科学家+现代产业园"的科技创新成果转化应用模式，以新时代顺德的"两家一园"支撑实验区建设。

（3）形成"科技、设计、金融、产业深度融合"的制造业优化升级发展模式。

（4）形成国际化、法治化、便利化的营商环境优化模式。

（5）形成经济建设与生态文明建设同步推进的绿色发展模式。

三　顺德推动高质量发展实验区建设的伟大实践

顺德区是制造业大区、民营经济大区，连续九年位居全国高质量发展和综合实力百强区第一名，在2020年第十五届中国全面小康论坛上第十二次获得"中国全面小康十大示范县市"。改革开放以来，顺德一直以"敢为天下先"的改革精神在多领域取得重大突破，为全省乃至全国县（区）重点领域改革积累了经验。"十三五"时期，顺德被广东省委赋予"率先建设广东省高质量发展体制机制改革创新实验区"的重要使命，以村级工业园改造为突破口推进全面改革创新，带动全区城乡形态、产业结构优化升级，经济社会发展取得明显成效，为"十四五"时期实现更高水平发展奠定了基础。

"十三五"时期，面对复杂多变的国内外风险挑战，顺德坚持以习近平新时代中国特色社会主义思想为指导，认真落实广东省委、省政府"1+1+9"①工作部署，在佛山市委、市政府的正确领导下，敢为人先、砥砺前行，围绕实现高质量发展，积极参与粤港澳大湾区建设，统筹推进经济、政治、文化、社会和生态文明建设，形成经济结构不断优化、新旧动能加速转换、质量效益全面提升的良好局面，决胜全面建成小康社会取得决定性成就。

1. 经济高质量发展取得新成效

"十三五"时期，顺德经济保持中高速增长，2020年地区生产总值达 3593.62 亿元，五年（2016 年—2020 年，下同）年均增长 6.7%；实现规模以上工业增加值达 1807.65 亿元，五年年均增长 8.0%。需求拉动总体平稳，2020 年，全区完成全社会固定资产投资增长 13.5%，五年年均增长 17%；社会消费品零售总额达 1097.72 亿元，五年年均增长 5.0%。经济发展质量稳步提高，2020 年实现地方一般公共财政预算收入

---

① "1+1+9"：第一个"1"是指坚定不移加强党的领导和党的建设。第二个"1"是指以新担当新作为不断把改革开放推进深入。"9"是指扎实推进 9 个方面重点工作：一是举全省之力推进粤港澳大湾区建设；二是加快建设科技创新强省；三是扎实推进高质量发展；四是加快建设现代化经济体系；五是坚决打好三大攻坚战；六是实施乡村振兴战略；七是构建"一核一带一区"协调发展新格局；八是加快文化强省建设；九是营造共建共治共享社会治理格局。

254.61 亿元，五年年均增长 6.3%；境内外上市企业（含过会）达 36 家，较 2015 年翻一番，市值总额突破 1 万亿元；截至 2020 年末，全区金融机构人民币存款、贷款余额分别达 6361.65 亿元、4309.40 亿元。重点领域风险有效防范，完成国有"僵尸企业"出清任务，银行业不良贷款率稳步下降，政府性债务水平保持安全可控。

2. 体制机制改革取得新突破

顺德作为率先建设广东省高质量发展体制机制改革创新实验区，以村级工业园改造为突破口，全面撬动产业格局、城乡形态、生态建设重塑。2018 年以来，累计改造提升 8.3 万亩，新建厂房 1627 万平方米，深度激发市场活力，美的、碧桂园、万和等本土企业掀起"二次创业"热潮。2019 年以来，全区先后引进 285 个超亿元（超千万美元）项目，总投资 2865 亿元，开源芯片产业基地、海天华南总部基地等六大超百亿项目落户，招商引资工作取得历史性突破。因"土地节约集约利用成效好、闲置土地少"获国务院办公厅通报表扬。实施新一轮农村综合改革，推出农村改革 36 项举措，撬动乡村全面振兴。全国农村集体产权改革试点通过验收，农村集体资产保值增值成效明显，2020 年农村集体资产总额预计达 138 亿元，比 2015 年增加 33.8 亿元。持续推进"放管服"改革，区级下放镇（街道）权限 4204 项，政府职能向社会转移事项 112 项。全面推进全国首批智慧城市试点工作，建成 24 小时企业服务平台，启动企业投资建设项目"1121"① 改革和深化企业开办便利度"1+3"② 改革，投资建设项目审批速度和企业开办便利度领跑全国。

3. 现代产业体系实现新发展

产业结构持续优化，2020 年三次产业结构占比优化调整为 1.4∶58.9∶39.7。2020 年先进制造业增加值、装备制造业增加值占规模以上工业增加值比重分别增至 69.2%、36.6%。自主创新能力稳步提升，"十三五"时期规上工业企业研发机构建有率达 57.3%，国家高新技术企业增至 2150 家，2020 年研发经费支出占地区生产总值比重预计达 4.3%，累计引进各级创新团队 28 个。2020 年每百万人口发明专利授权量达 1193 项，是 2015 年的 5.42 倍，科技创新引领现代经济体系构建作用明显增强。传统制造业加速向数字化、网络化、智能化转型，2020 年智能家电和高端装备制造两大主导产业产值预计分别达到 2789.95 亿元和 2863.75 亿元。智能机器人等战略性新兴产业快速壮

---

① "1121"：一般工业项目从办理立项到取得施工许可的行政审批在 11 个工作日内完成，房建类建设项目在 21 个工作日内完成。

② "1+3"：压缩企业开办全流程的时限，减少企业跑动次数，实现企业设立登记、刻制公章、申领发票 1 个工作日完成，银行开户 3 个工作日完成。

大，2020 年全区机器人产值增幅高达 206.4%，2020 年全区工业机器人产量超 1.2 万台。生产性服务业逐步提质，工业设计与制造业融合发展，撬动工业产值超 1000 亿元。电子商务蓬勃发展，涌现出一批细分行业垂直电商服务平台，金融、科技与产业深度融合，顺德金融综合服务平台上线运行，多层次资本市场体系加快形成。生活性服务业提质升级，大良东区商圈、容桂文塔商圈扩容增效，文化创意产业加速集聚，会展经济初见成效，成功举办中国（广东）国际"互联网+"博览会等重大展会活动。"世界美食之都""中国花卉之都"影响力不断增强，文旅产业融合发展，五年来旅游总收入达 792.24 亿元，其中 2020 年接待国内外游客 1449.48 万人次，较 2015 年增长 40.45%。

4. 开放合作发展形成新格局

对外贸易稳中有升，2020 年外贸进出口总额保持正增长，五年年均增长 4.9%。外贸结构持续优化，一般贸易出口额占比超过 60%。参与"一带一路"建设成效明显，与沿线国家贸易合作实现稳步增长。美的集团等龙头企业加快海外并购步伐，在更高水平上参与国际分工。加快培育外贸新业态新模式，亚洲国际家具材料交易中心获批国家市场采购贸易方式试点，与阿里巴巴集团合作打造家电、家具、木工机械三大跨境电商综合服务中心。顺德商品"走出去"取得新成效，在俄罗斯、印度建设 2 个顺德优品境外展示中心。积极参与粤港澳大湾区建设，粤港跨境货物快速通道如期建成，佛山顺德粤港澳协同发展合作区顺利纳入广东省推进粤港澳大湾区建设重要平台。

5. 城乡环境品质获得新提升

全区交通路网进一步优化完善，内、中、外环快速环线节点改造工程加快推进，"三横四纵"高速公路网加速形成，境内高速公路总里程达到 137.3 千米，高速公路密度提升至 17.03 千米/百平方千米。以"强中心"建设为重点，持续提升城市功能形态，建成华侨城欢乐海岸、工业发展馆、顺峰半马健身步道等项目，建设德胜体育中心、中心城区"双桥"、德胜河"一河两岸"景观提升项目、顺德科学馆等重点工程，打造光影文化展，顺峰山公园成为城市形象展示窗口。特色小镇创建工作成效显著，省级特色小镇建设实现全区 10 个镇（街道）全覆盖，其中北滘、乐从入选国家级特色小镇。全力推进美丽乡村建设，建成安全、规范、美观的农用棚舍 6650 个。仙涌村获评全国乡村治理示范村、逢简村获评中国美丽休闲乡村。

6. 广佛全域同城迈出新步伐

大力参与"1+4"广佛高质量发展融合试验区①建

---

① "1+4"广佛高质量发展融合试验区："广州南站—佛山三龙湾—广州荔湾海龙"先导区、"花都—三水"试验区、"白云—南海"试验区、"荔湾—南海"试验区和"南沙—顺德"试验区。

设，积极对接广州市番禺区、南沙区，打造半小时广佛城市生活圈，广佛环线、佛山地铁 2 号线、广州地铁 7 号线西延顺德段等轨道交通重点项目顺利推进，佛山地铁 3 号线延长至顺德客运港，海华大桥顺利通车，对接广州重要枢纽交通路网加快建设。率先实施政务服务线上线下联动跨城办理新模式，推进"番顺通办"，可办理事项 46 项；推进"南顺通办"，可办理事项 121 项；建设"政务晓屋"，可办理广东省广州市、中山市、清远市与湖北省、湖南省等地多个事项。搭建两地人才交流平台，加强与广州大学城高校人才互动交流。全面落实广佛生态环境联合预警机制、信息沟通共享机制、联合执法机制，推动区域环境共治。

7. 生态文明建设实现新跨越

坚定不移走绿色发展之路，通过村级工业园改造，从源头上减少环境污染，腾出空间复垦复绿 6841 亩。2020 年，城区人均公园绿地面积达 24.82 平方米，绿化覆盖率达 46.82%。坚决打赢污染防治攻坚战，成功创建国家生态文明建设示范区，建成绿色工业服务体系。全力加强环境综合治理，系统推进水污染防治，2020 年城镇污水处理率达 97.47%。全面推行河长制，区内地表水环境质量总体保持稳定，饮用水源监控断面达标率和集中式饮用水水质优良率均为 100%。深入实施大气污染精准防控，推进锅炉污染综合治理，高污染燃料禁燃区范围扩大至全区。2020 年 $PM_{2.5}$ 年均浓度为 21 微克/立方米，比 2015 年下降 44%。2020 年空气质量综合指数为 3.30，较 2015 年改善 28.6%。污染物总量减排效果显著，2020 年化学需氧量、氨氮、二氧化硫、氮氧化物排放量分别比 2015 年削减 12.2%、11.8%、20.8%、17.5%。积极推进垃圾、固废处理设施建设，2020 年生活垃圾无害化处理率为 100%。生态环境更加优美，连续两年获评全国绿色发展百强区第一位。

8. 社会基层治理取得新成就

推进广东省创新城乡社区治理专项改革试点建设，强化社会基层治理。实施党建引领社区治理创新工作，完善"一中心一基金一队伍"的党建实体化工作机制，建成村（社区）"红基石"党群服务中心 205 个。设立党群共建社区发展基金，累计投入 9000 万元支持基层党组织开展 250 个民生项目，撬动超亿元社会资金参与。在全省率先启动村企结对共建，创新成立乡村振兴促进会，结对达成项目 700 个，涉及金额达 7 亿元，打造共建共治共享社会治理新格局。健全"两法衔接"[①] 工作机制，深化"中心+网格化+信息化"

---

① "两法衔接"：行政执法与刑事司法衔接机制，即行政机关在行政执法过程中将涉嫌犯罪的案件或线索移送司法机关进行刑事查处，以及司法机关在处理刑事案件过程中对不构成犯罪但应予行政处罚的案件，依法移送有关行政机关处理的工作机制。

建设，实现 15 个"平安细胞"① 100%覆盖，组织公安、监察、法检力量下沉基层，22 个社会治安重点治理和挂牌整治地区全部整治达标。坚持在村级工业园改造中化解基层矛盾纠纷，高质量打赢"扫黑除恶"收官之战，推动问题村居由乱转治。

9. 民生事业建设再上新台阶

居民收入稳步增加，2020 年城乡居民人均可支配收入达 61485 元，五年年均增长 7.9%，高于地区生产总值增速。2020 年一般公共预算民生支出 181.61 亿元，占地方公共预算支出比重达 70%。人才队伍不断壮大，全区人才总量超 45 万人，拥有专业技术人才约 18.77 万人，认定高层次人才共 20630 人，2019 年首次引进全职发达国家院士 1 人。就业形势稳定，"十三五"时期城镇登记失业率控制在 3%内。全面深化教育综合改革，引入优质教育资源建设高品质学校，"十三五"时期完成新（改、扩）建一批义务教育学校，新增中小学学位 5.5 万个、公益普惠性幼儿园学位 1.8 万个，高等教育毛入学率 65%。持续推进医疗卫生综合改革，探索政校合作办医新模式。提升区域医疗供给水平，完成南方医科大学顺德医院整体搬迁工作，

---

① "平安细胞"：包括平安村居、平安校园、平安医院、平安企业、平安市场、平安工地、平安家庭、平安文化市场（含娱乐场所）、平安景区、平安金融、平安餐饮、平安交通、平安电力、平安招标投标、平安铁路。

启动建设和祐国际医院，成功创建国家级健康促进区、广东省慢性病综合防控示范区。城乡居民基本医疗保险覆盖率达到98%。每千名户籍老年人口收养性养老床位达46.14张。持续推进新时代文明实践中心建设全国试点工作，顺德区践行新发展理念交流中心、"和"美术馆等文博场馆、展馆投入使用，"顺德之夜"文化艺术盛会启幕。脱贫攻坚工作成效显著，对口帮扶的湛江市雷州、徐闻贫困村和贫困户全部脱贫，东西部扶贫协作凉山州美姑、雷波、金阳三县全部脱贫摘帽。对口支援新疆、西藏工作卓有成效。全面有效应对突发新冠肺炎疫情，高效完成疫情防控任务，政企同心取得疫情防控和复工复产工作阶段性成果。

第二章 顺德高质量发展评价

一 高质量发展的科学内涵

在经历近 40 年高速增长之后，面临全球第四次科技革命和产业变革机遇，在当前的新时代，我国经济发展的基本特征就是由高速增长阶段转向高质量发展阶段。高质量发展是贯彻新发展理念，能够很好满足人民日益增长的美好生活需要的发展，是创新成为第一动力、协调成为内生特点、绿色成为普遍形态、开放成为必由之路、共享成为根本目的的发展。

当前，世界百年未有之大变局加速演进，我国发展的内部条件和外部环境正在发生深刻复杂变化。"十四五"时期我国将进入新发展阶段，面临一系列新机遇新挑战。继续发展具有多方面优势和条件，同时我国发展不平衡不充分问题仍然突出，发展中的矛盾和问题集中体现在发展质量上。这就要求我们必须把发展质量问题摆在更为突出的位置，着力提升发展质量和效益。另外，我国发展的外部环境日趋复杂。防范化解各类风险隐患，积极应对外部环境变化带来的冲击挑战，关键在于办好自己的事，提高发展质量，提高国际竞争力，增强国家综合实力和抵御风险能力，有效维护国家安全，实现经济行稳致远、社会安定和谐。经济、社会、文化、生态等各领域都要体现高质量发展的要求。

我国仍处于并将长期处于社会主义初级阶段，仍然是世界上最大的发展中国家，发展仍然是我们党执政兴国的第一要务。必须强调的是，新时代新阶段的发展必须贯彻新发展理念，必须是高质量发展。党的十八届五中全会鲜明提出了创新、协调、绿色、开放、共享的新发展理念，引领我国经济不断破解发展难题、厚植发展优势，在转变发展方式、优化经济结构、转换增长动力上取得重大突破，迈出高质量发展的坚实步伐。实践充分表明，贯彻新发展理念，推动高质量发展是遵循经济发展规律、保持经济持续健康发展的必然要求，也是我国突破发展结构性矛盾和资源环境瓶颈，实现更高质量、更有效率、更加公平的必然选择，是适应我国社会主要矛盾变化和全面建成小康社会、全面建设社会主义现代化国家的必然要求。高质量发展，是以五大发展理念，即创新、协调、绿色、开放、共享新发展理念作统揽，以满足人民日益增长的美好生活需要为目的，以创新为第一动力、协调为内生特点、绿色成为普遍形态、现代化经济体系为支撑，全面深化改革开放为保障，共建共治共享社会治理为基础的系统性、协调性、可持续性有机统一的发展。新发展理念下的高质量发展是通过优化结构、转变动能的内生型发展，而不仅仅是外延式、粗放式的扩展。站在新的历史起点，我们需从系统性、动态性、长期性三个维度来把握经济高质量发展内涵。具体说来，新发展理念下的高质量发展应包括以下几个方面。

（一）投入产出效率和经济效益不断提高的效率型发展

新发展理念下的高质量发展的重要标志是不断提高劳动、资本、土地、资源、环境等要素的投入产出效率和微观主体的经济效益，并表现为企业利润、职工收入、国家税收的持续增加和劳动就业不断扩大。针对高速增长阶段粗放型增长模式积累下来的投入产出低效率、低质无效供给问题，实现经济高质量发展，就必须抢抓世界新一轮科技革命和产业变革机遇，充分应用技术革命成果，通过效率变革，引领产业结构朝着高级化、现代化的方向发展，在国际产业链、价值链的阶梯上持续向中高端攀升。首先，强力调整存量、减少低质无效供给，做优增量、扩大优质高效供给，提高供给体系整体效率。其次，实施乡村振兴战略和区域协调发展战略，为经济发展培育新动力、拓展新空间，打造新增长极。最后，加快建设创新引领，实体经济、科技创新、现代金融、人力资源协同发展的现代产业体系，通过生产要素合理流动和优化组合、企业兼并重组，加快发展新兴产业和新业态、新模式，改造提升传统产业，促进经济结构持续优化升级，提高整体经济的结构效率。

（二）供给质量持续提高的质量型发展

新发展理念下的高质量发展必须适应新时代满足人民日益增长的美好生活需要，社会生产力发展的重点从高增长时期强调"快和多"转为新时代的"好和省"，不断提供更新、更好的商品和服务，满足人民群众多样化、个性化、不断升级的需求，既不断开辟新的消费领域和消费方式，改善、丰富人民生活，又引领供给体系和结构优化升级，反过来催生新的需求。如此循环往复、相互促进，推动社会生产力和人民生活不断迈上新台阶。

新发展理念下的高质量发展要破除高速增长阶段重速度轻质量所积累下来的供给质量不高、供需不匹配的问题短板，需要将深化供给侧结构性改革作为当前和未来一个时期经济工作的主线；把发展经济的着力点放在实体经济上，把提高供给体系质量作为主攻方向，建成现代化经济体系。通过改革推进结构调整，通过全面落实"三去一降一补"五大任务，破除无效供给，扩大有效供给，提高供给结构对需求结构的适应性。在全社会牢固树立质量第一的理念，大力发展先进制造业和现代服务业，向国际先进标准看齐，提高供给体系质量；增加科研和生产投入，加强企业、行业的质量管理，落实生产流通各个环节的质量溯源。

（三）创新成为第一动力的内涵型发展

新发展理念下的高质量发展的根本动力是创新，创新的根本资源是人才。经济发展越来越依赖于理论、制度、科技、文化等领域的创新，国际竞争力越来越体现在创新能力上。科学技术是第一生产力，科技创新对劳动力、资本、技术、管理等生产要素的"乘数"作用、对经济社会发展贡献的"乘数效应"得到充分释放。

针对高速增长阶段，经济增长对劳动力、物质资源投入依赖模式在劳动力供给、资源环境约束力度日趋加紧而难以为继问题，以及当前创新驱动发展面临的基础研究薄弱、关键技术不足、创新底子不牢等问题，要实现经济高质量发展，就必须抓住新一轮全球科技革命和产业变革对新旧动能转换的机会窗口，以创新深入推动动力变革。一要大力培育发展新动能。深化科技体制改革，提高创新效率，建立以企业为主体、市场为导向、产学研深度融合、与创新型国家相适应的富有活力的创新体系；加大对基础研究和前沿技术等投入，在新一轮技术革命中掌握核心技术和主动权；加强对中小企业创新的支持，促进科技成果转化。二要倡导创新文化，强化知识产权创造、保护、运用。三要以更加优质的教育、医疗、住房、社会保障和法治等公共服务，培养、聚集具有国际水平的科技人才队伍和创新团队。四要激发和保护企业家精神，鼓励更多社会主体投身创新创业。五要优先发展教育事业，加快教育现代化，建设知识型、技能型、创新型劳动者大军，弘扬劳模精神和工匠精神，加快从劳动力数量红利向质量优势转换。

（四）发展成果普惠人民的普惠性发展

新发展理念下的高质量发展要兼顾生产、生活与生态，要坚持以人民为中心的发展思想，坚持发展为了人民、发展依靠人民、发展成果由人民共享。因此，在宏观经济层面，质量的内涵还涉及经济与社会的协调发展，应把增进民生福祉作为发展的根本目的，并且形成有效社会治理、良好社会秩序，促进社会公平正义。

新发展理念下的高质量发展就应该实现高质量的分配和提供高质量的公共品，就是要推动合理的初次分配和公平的再分配，促进各种要素按照市场价值参与分配，促进居民收入持续增长。高质量的发展就应该提供高质量的公共服务和公共品，使得区域协调发展、城乡融合发展、基本公共服务均等化成为发展的核心成果。

（五）绿色环保成为普遍形态的自然化发展

经历了 40 多年高速增长带来环境污染、生态系统退化困苦，面临资源环境高约束，已基本解决温饱问题的人民对美好生活的需要更加迫切，新发展理念的内在要求更加迫切，高质量的绿色发展成为满足人民美好生活需求和促进可持续发展之必须，绿色成为普遍形态是当前发展格局的重要标志。

新时代，绿色低碳技术的迅猛发展，我国经济实力大幅提升，人民环保意识的全面觉醒，为绿色发展提供了良好条件。实现经济高质量发展，要进一步在全社会树立绿色发展理念，加快形成促进绿色发展的政策导向、体制机制和法律法规，发展绿色金融，促进节能环保、清洁生产、清洁能源等绿色产业发展，健全绿色低碳循环发展的经济体系，努力使绿色发展成为普遍形态，形成人与自然和谐发展的现代化建设新格局。

（六）坚持持续深化改革开放的包容型发展

新发展理念下的高质量发展，需要高速增长的体制机制向高质量发展体制机制的转变来保障，需要依靠有竞争力制度、有效配置要素的体制机制，聚集资本和人才，需要通过深化改革开放，革除导致资源错配、低配的体制机制弊端。实现经济高质量发展，需要在国家全面深化改革"四梁八柱"框架内，更加聚焦关键领域的核心问题和难点问题，以"工匠精神"实施精细化改革和精准突破，扎实推动重大改革举措落地生根、开花结果，夯实经济高质量发展的制度根基。全面深化市场经济体制改革和政府改革，完善产权制度，实现产权有效激励，进一步激发全社会创造力和发展活力，推动动力变革、质量变革、效率变革，提高全要素生产率。以开放倒逼改革、促进改革，高水平的开放是发展不可或缺的动力。因此，在新发展理念下推动高质量发展，必须加快完善社会主义市场经济体制，使市场在资源配置中起决定性作用，更好发挥政府作用，进一步扩大对外开放，推动形成全面开放新格局。

（七）治理体系和治理能力现代化的体系化发展

"高效率、高标准、高品质的政务服务"，治理体系和治理能力的现代化是贯彻新发展理念、推动高质量发展的根本保证。在新发展理念下，政府建设需要从横、纵两个维度来展开，它是新时期深化改革的关键。从横向上，要处理好政府与市场、社会各自的活动边界，既彼此尊重、各司其职，又有明晰的互动规则。从纵向上，政府要提升对复杂经济形势和市场、社会的驾驭能力，一是具有制定宏观层面的经济发展战略和规划，提高应用"让市场在资源配置中发挥决定性作用"水平；二是扮演好基于公共利益调解者和仲裁者角色，弥补"市场失灵"。此外，贯彻新发展理念，打造高质量的政府，还需要统筹和深化党政机构改革、转变和调整政府职能、以宪治国、依法行政、优化政府工作流程、让权力在阳光下运行，为人民群众对美好生活的追求提供有利条件；通过横向维度的绩效积累，增强纵向维度的政府公信力和政治合法性。

（八）国内国际双循环相互促进的开放型发展

2020 年 5 月 14 日，习近平总书记在中共中央政治局常委会会议首次提出"构建国内国际双循环相互促进的新发展格局"。"以国内大循环为主体、国内国际双循环相互促进的新发展格局"是党中央在国内外环境发生显著变化的大背景下，推动我国开放型经济向更高层次发展的重大战略部署。

从宏观视角来看，"双循环"格局的本质是供给侧结构性改革与扩大内需的有效结合，是走创新驱动、内源主导的高质量发展道路，也是我国跨越高收入国家门槛、适应国际国内发展矛盾新变化、贯彻新发展理念，推动高质量发展的必然抉择。从产业层面看，"双循环"新发展格局否定了封闭的国内循环，而强调了开放的国内国际双循环。"双循环"的发展格局下的经济、产业高质量发展必然要克服以往经济生活中以大规模出口为导向的加工贸易格局，改变传统的低成本国际竞争模式，扬弃"高投入、高污染、高消耗、低产出、低效益、低附加值"的传统道路。从内外贸易视角看，要明确"双循环"是有主有次的发展战略深层次调整，明确新发展格局绝不是封闭的国内循环，而是开放的国内国际双循环，这就要求我们在用好国际国内两个市场、两种资源方面，实现更高水平的开放，不仅仅要"引进来""卖出去"，更要从国际市场大循环的发展理念，有决心有勇气"买进来""走出去"。

二   高质量发展评价体系的经验借鉴

党的十九大以来，各地开始探索高质量发展考核评价体系。在省级层面，江苏、广东、湖南相继发布了本省的高质量发展监测、综合绩效评价指标体系，江苏依据省委全会的工作部署，从"六个高质量"方面设立指标体系；广东、湖南贯彻五大发展理念，均从综合、创新、协调、绿色、开放、共享六个维度进行绩效考核或监测评价。在城市层面，成都、宁波、上虞、湖州等城市也做出探索。

当前，新发展理念和高质量发展是全国各地发展研究的热点，相关的考核评价指标体系的研究、制定和发布也成为各地区的工作热点。总体来看，新发展理念和高质量发展的指标评价体系设计包括三种设计思路。一是直接套用"五大发展理念"，从创新、协调、绿色、开放、共享等方面对指标体系进行理论解析和指标设置，采取此类方案的有广东、湖南等地区。二是采用"五位一体"总体布局作为指标体系的理论基础，即经济建设、政治建设、文化建设、社会建设、生态文明建设五位一体，并根据本地经济社会发展情况和发展战略进行适应性的调整，例如江苏的"六个高质量"评价指标体系即采用了此种思路。三是紧扣高质量发展内涵进行指标体系设计，例如成都将高质量发展归纳为"三新两优一控"，并据此设计指标体系架构。

三　高质量发展评级体系构建

广东省委明确要求，顺德区要力争实现三大目标、五种模式，到 2022 年形成"顺德样板""顺德示范"，为全省高质量发展提供经验借鉴。两年多以来，顺德创新 35 项新做法，主动向广东省申请并获得 11 项政策支持，出台了 71 份配套文件；将 382 个村级工业园整合成 20 个连片现代化产业集聚区，打造十大平均超 2000 亩的现代主题产业城，加快培育世界级的先进制造业集群。

深化高质量发展评价体系的研究，更准确地反映新发展理念下顺德高质量发展的内涵和机理，更精确地评价顺德贯彻新发展理念、推动高质量发展的成效，更全面地刻画顺德社会主义现代化发展的进程，更细致地描绘"顺德模式"和"顺德样板"的实际特点，有利于为全省建立贯彻新发展理念推动高质量发展的评价和考核体系提供学习样板，有利于全省建立可监测、可评价、可量化的经验示范，有利于全省和顺德自身制定明确的发展规划目标和政策措施要求。

（一）指导思想

深入学习贯彻习近平总书记"发展必须是科学发展，必须坚定不移贯彻创新、协调、绿色、开放、共享的发展理念"[①] 的论述，准确把握重要战略机遇期的新机遇新挑战，准确把握高质量发展阶段的新内涵新问题，统筹推进"五位一体"的总体布局和"四个全面"的战略布局，以五大发展理念为引领，以推动高质量发展为主题，将"更高质量、更有效率、更加公平、更可持续发展"的根本目标落实到顺德区率先建设广东省高质量发展体制机制改革创新实验区的全维度和全领域，打造全面建设社会主义现代化的顺德样本。

着重突出顺德贯彻新发展理念推动高质量发展的核心特征与趋势，充分刻画顺德"高创新、高质量、高效率、重共享公平、重绿色发展"的发展模式，准确测量以创新为引领的动力变革，以协调、开放为引领的质量、效率变革，以绿色、共享为引领的两大内涵发展，体现顺德加快构建现代化经济体系和全面开放新格局的特征，为顺德区率先建设广东省高质量发展体制机制改革创新实验区提供支撑和导向。

---

① 习近平：《决胜全面建成小康社会　夺取新时代中国特色社会主义伟大胜利——在中国共产党第十九次全国代表大会上的报告》，人民出版社 2018 年版。

（二）构建原则

1. 导向性原则

本指标体系充分发挥新发展理念的导向和引领作用，聚焦顺德贯彻新发展理念推动高质量发展的核心特征、基本要求和战略需要，客观、准确和全面地反映顺德推动高质量发展的三大发展变革（动力变革、质量变革、效率变革）和两大内涵发展（共享发展、绿色发展），精准反映影响高质量发展的主要矛盾和关键问题。

2. 高对标原则

本指标体系以国际国内先进水平为参照，制定贯彻新发展理念推动高质量发展的评价标准和发展目标，准确反映顺德在全球全国的坐标方位；找准学习榜样，树立追赶目标，精准查找顺德的差距和短板，便于顺德贯彻新发展理念推动高质量发展工作对标作战、向标看齐、用标推进、对标交卷，确保省委省政府对贯彻新发展理念、部署高质量发展在顺德的实验实践得到全面落实。

3. 系统性原则

本指标体系充分考虑新发展理念的丰富内涵，全面考量高质量发展的复杂性、多样性、系统性，突出经济因素发展在当前顺德发展中的核心地位。指标体系亦强调刻画贯彻新发展理念推动高质量发展的内在逻辑，确保各指标之间既彼此联系，又可独立反映顺德发展某方面的具体特征。

4. 操作性原则

本指标体系设立充分反映顺德贯彻新发展理念推动高质量发展的各项工作和绩效全面特征的监测指标体系，数据采集和指标计算应具有较为完备的统计调查的制度性保障，指标数据可采集、可获得、可比较，以保证评价结果的客观性；设立高度简洁、指标权威、便于顺德与先进地区对标的评估指标体系，充分考虑指标之间的共线性，避免指标体系在逻辑结构和指标计算上的重复，避免在数据统计和指标计算中过多进行数据口径调整，造成指标体系失真。

5. 动态性原则

顺德的发展是一个动态过程，在不同阶段有不同的目标导向和战略措施。本指标体系在制定和指标选取过程中，保持了指标体系的动态性和开放性，并根据顺德贯彻新发展理念推动高质量发展的阶段特征，以及对标地区发展的新情况新趋势，及时对指标体系进行补充、修订和完善。

（三）体系框架

1. 评价指标体系总体设置

为平衡指标体系的全面性和可比性之间的矛盾，

将顺德贯彻新发展理念推动高质量发展的评价指标体系分置为"监测指标体系"和"评估指标体系"。

"监测指标体系"着眼于纵向监测顺德区不同年份的发展水平，注重对顺德发展特征的全面反映和发展进程的动态监测，在指标选用上更强调权威指标和特色指标的平衡。

"评估指标体系"着眼于与先进地区横向比较评估顺德区的发展水平，注重顺德发展的高点对标，在指标选用上更强调指标在国际国内的公认性、可比性，以及数据获取的可行性。

在指标体系框架建构上，监测指标体系和评估指标体系均采用三级指标体系，两者共用相同的目标层和准则层（一级指标、二级指标），且评估指标体系中指标层（三级指标）各项指标基本来源于监测指标体系的指标层。

2. 监测指标体系

（1）一级指标设置

依据党的十九大和十九届二中、三中、四中、五中全会对贯彻新发展理念推动高质量发展的总要求和广东省省委十二届历次全会对贯彻新发展理念推动高质量发展的部署，顺德应以五大发展理念为引领，实现三大发展变革、落实两大内涵发展，即动力变革、质量变革、效率变革和共享发展、绿色发展。三大变革突出经济高质量发展的诉求、趋势和方向。两大内涵发展则体现贯彻新发展理念推动高质量发展的终极目标（人民群众共享发展成果）及其约束条件（经济发展不能以牺牲环境为代价）。因此，监测指标设立动力变革、质量变革、效率变革、民生共享、绿色环境五个一级指标。

（2）二级指标设置

对照新发展理念和高质量发展的内涵和要求，"监测指标体系"的每个一级指标下包括3—4个二级指标，体现发展的不同维度和趋向。

"动力变革"主要体现创新链的整体变革，即体现创新的投入、活动、产出三个方面的变化，具体设置创新投入、创新载体、创新产出三项二级指标。

"质量变革"主要体现实体经济发展主体、成效、趋势、范围的变革，具体设置主体水平、产品水平、智能水平、开放水平四项二级指标。

"效率变革"主要体现要素效率变革和结构效率变革，具体设置土地要素、资本要素、劳动力要素、结构效率等四项二级指标。

"民生共享"主要体现人民在民生保障和社会治理等领域的基本需求，具体设置公共服务、就业收入、社会安全三项二级指标。

"绿色环境"主要体现资源节约利用、环境治理有

效、生态建设优良三个层面的内容，具体设置资源利
用、环境治理、生态建设三项二级指标。

（3）三级指标设置

根据顺德贯彻新发展理念推动高质量发展的模式、
特征，对标国内外高质量发展先进地区的经验，兼顾
顺德自身的发展特色，从不同维度反映一级指标、二
级指标的指标内涵。具体设置参见表2-1。

表2-1　　　　　　　　　　监测指标体系

一级指标	二级指标	序号	指标
动力变革	创新投入	1	R&D 经费支出占 GDP 比重
		2	工业设计师数量
		3	万人 R&D 人员数
	创新载体	4	国家级高新技术企业数量
		5	省级新型研发机构数量
		6	国家级科技企业孵化器数量
		7	省级以上工业设计中心数量
	创新产出	8	高新技术产品产值占规模以上工业总产值比重
		9	高质量专利水平
		10	全要素生产率（科技进步贡献率）
质量变革	主体水平	11	企业市场规范化水平
		12	十亿元规模企业数量
		13	规模以上工业企业盈利面占比
	产品水平	14	制造业产品质量合格率
		15	主导或参与制（修）定国际、国家、行业、地方标准数量
	智能水平	16	规模以上工业企业每万名劳动者拥有工业机器人数量
		17	每万人规模以上工业企业智能化项目累计数
		18	5G 覆盖率

续表

一级指标	二级指标	序号	指标
质量变革	开放水平	19	当年实际利用外资额
		20	一般贸易与加工贸易的比值
		21	与"一带一路"相关国家贸易额
		22	外贸新业态占比
效率变革	土地要素	23	村级工业园累计拆除整理面积
		24	村级工业园累计建设面积
		25	单位建设用地 GDP
	资本要素	26	财税质量提升水平
		27	工业固定资产投资增速
		28	金融优质支撑能力
	劳动力要素	29	规模以上工业企业全员劳动生产率
		30	高技能人才占从业人员比例
	结构效率	31	先进制造业增加值占规模以上工业增加值比重
		32	现代服务业增加值占服务业增加值比重
		33	战略性新兴产业产值占规上工业产值比重
民生共享	公共服务	34	公共预算民生支出增速
		35	数字化公共服务能力
		36	义务教育均衡发展校际差异系数
		37	人均文体设施面积
		38	万人拥有执业（助理）医师数
		39	志愿者人数
	就业收入	40	城镇登记失业率
		41	城乡居民人均可支配收入
	社会安全	42	食品抽检合格率
		43	万人刑事案件发案率
		44	亿元生产总值生产安全事故死亡率

续表

一级指标	二级指标	序号	指标
绿色环境	资源利用	45	单位 GDP 能耗下降率
		46	万元 GDP 用水量
	环境治理	47	主要污染物排放总量降低率
		48	城市生活污水集中处理率
		49	空气质量指数（AQI）
	生态建设	50	地表水达到或好于Ⅲ类水的比例
		51	建成区绿化覆盖率
		52	绿色建筑占新建建筑比例

（4）评价方法

数据无量纲化处理。对原始数据进行同趋势化处理和无量纲化处理，以消除指标量纲影响，从而保证同一标准计算。指标无量纲方法采用基准计算法，即以 2018 年为基年（指数值定为 100），考察指标与基年数据的比值，并采用阈值法进行数据处理。部分指标（义务教育均衡发展校际差异系数）因具有特殊的计算方法和评价标准，无量纲方法采用"标杆法"，即以特定评价标准为基准值，数据处理方法仍采取阈值法。

缺失数据处理。当缺失数据指标存在前后年份数据时，采用指标平均法，即前后年数据的平均值作为缺失年份数据实际值；当缺失数据存在前三年或后三年的数据时，采用指标趋势法，即根据指标的趋势曲

线测算缺失实际值；当缺失数据不存在历史时序参照
数据时，采用指标类比法，即选定与考察地区相近的
地区，计算相近地区指标与 GDP、人口等常用指标之
间的关系，并以考察地区 GDP、人口等常用指标为基
础，测算缺失指标实际值。

指标权重确定。采取层次分析法（AHP），根据各
指标的重要程度赋予不同的权重，即经过层次结构模
型构建、判断（成对比较）矩阵构造、层次单排序及
其一致性检验、层次总排序及其一致性检验等步骤，
由多个专家客观对比综合形成权重系统。

表 2-2 监测指标权重表

一级指标	一级权重	二级指标	二级权重	三级指标
动力变革	0.21	创新投入	0.085	R&D 经费支出占 GDP 比重
				工业设计师数量
				万人 R&D 人员数
		创新载体	0.065	国家级高新技术企业数量
				省级新型研发机构数量
				国家级科技企业孵化器数量
				省级以上工业设计中心数量
		创新产出	0.06	高新技术产品产值占规模以上工业总产值比重
				高质量专利水平
				全要素生产率（科技进步贡献率）
质量变革	0.21	主体水平	0.045	企业市场规范化水平
				十亿元规模企业数量
				规模以上工业企业盈利面占比

续表

一级指标	一级权重	二级指标	二级权重	三级指标
质量变革	0.21	产品水平	0.045	制造业产品质量合格率
				主导或参与制（修）订国际、国家、行业、地方标准数量
		智能水平	0.05	规模以上工业企业每万名劳动者拥有工业机器人数量
				每万人规模以上工业企业智能化项目累计数
				5G 覆盖率
		开放水平	0.07	当年实际利用外资额
				一般贸易与加工贸易的比值
				与"一带一路"相关国家贸易额
				外贸新业态占比
效率变革	0.265	土地要素	0.075	村级工业园累计拆除整理面积
				村级工业园累计建设面积
				单位建设用地 GDP
		资本要素	0.07	财税质量提升水平
				工业固定资产投资增速
				金融优质支撑能力
		劳动力要素	0.05	规模以上工业企业全员劳动生产率
				高技能人才占从业人员比例
		结构效率	0.07	先进制造业增加值占规模以上工业增加值比重
				现代服务业增加值占服务业增加值比重
				战略性新兴产业产值占规上工业产值比重
民生共享	0.155	公共服务	0.075	公共预算民生支出增速
				数字化公共服务能力
				义务教育均衡发展校际差异系数
				人均文体设施面积
				万人拥有执业（助理）医师数
				志愿者人数

一级指标	一级权重	二级指标	二级权重	三级指标
民生共享	0.155	就业收入	0.04	城镇登记失业率
				城乡居民人均可支配收入
		社会安全	0.04	食品抽检合格率
				万人刑事案件发案率
				亿元生产总值生产安全事故死亡率
绿色环境	0.16	资源利用	0.04	单位 GDP 能耗下降率
				万元 GDP 用水量
		环境治理	0.06	主要污染物排放总量降低率
				城市生活污水集中处理率
				空气质量指数（AQI）
		生态建设	0.06	地表水达到或好于Ⅲ类水的比例
				建成区绿化覆盖率
				绿色建筑占新建建筑比例

指标合成计算。分别计算各指标指数后，根据各级权重逐级合成综合指数。

3. 评估指标体系

（1）一级指标和二级指标设置

与监测指标体系相同。

（2）三级指标设置

三级指标由监测指标体系的三级指标中挑选最具有代表性的指标，该指标必须具有符合高对标原则和操作性原则。同时从简洁性原则考虑，每个二级指标仅设置 1 个三级指标。（参见表 2-3）

表 2-3　　　　　　　　　　　评估指标体系

一级指标	二级指标	序号	指标
动力变革	创新投入	1	R&D 经费支出占 GDP 比重
	创新载体	2	国家级高新技术企业数量与规模以上工业企业数量的比值
	创新产出	3	万人发明专利拥有量
质量变革	主体水平	4	十亿元规模企业数量占规模以上企业数量的比重
	产品水平	5	主导或参与制（修）定国际、国家、行业、地方标准数量
	智能水平	6	规模以上工业企业每万名劳动者拥有工业机器人数量
	开放水平	7	一般贸易与加工贸易的比值
效率变革	土地要素	8	单位建设用地 GDP
	资本要素	9	工业固定资产投资增速
	劳动力要素	10	规模以上工业企业全员劳动生产率
	结构效率	11	先进制造业增加值占规模以上工业增加值比重
民生共享	公共服务	12	万人拥有执业（助理）医师数
	就业收入	13	城乡居民人均可支配收入
	社会安全	14	亿元生产总值生产安全事故死亡率
绿色环境	资源利用	15	单位 GDP 能耗下降率
	环境治理	16	主要污染物排放总量降低率
	生态建设	17	建成区绿化覆盖率/森林覆盖率

（3）评价方式

数据无量纲化。指标无量纲化方法采用极值计算法，即对比对象中指标数据最大值为基准（100），计算顺德相应指标的得分。

缺失数据处理。与监测指标体系相同。

权重计算方法。与监测指标体系相同。

指标合成计算。与监测指标体系相同。

（四）工作机制

1. 组织领导

评价工作由区政府主导，区发展和改革局牵头组织实施，区各有关部门配合。区发展和改革局负责年度评价工作的日常组织管理，包括评价指标体系的构建、动态修订，指标数据的收集整理，以及综合指数的计算和发布等工作。区统计局负责指导监测、评价指标的统计标准和口径范围，协助评价指标体系的构建和动态修订。区各有关部门按照评价指标的评价规范、统计标准、口径范围，准确报送相关数据。

2. 工作程序

每年度顺德贯彻新发展理念推动高质量发展评价工作分三个阶段推进。

一是数据提交和审核整理阶段。区各有关部门根据评价指标体系工作方案要求提供本部门数据并对数据真实性、准确性负责，充分利用部门统计资料，全力抓好指标数据的采集、审核、测算、汇总等工作，确保指标内涵一致、口径范围相同、数据来源可靠。

二是综合指数计算阶段。根据指标体系工作方案要求，逐项指标计算综合指数，并根据权重进行指数合成，确保计算方法准确、结果客观公正。

三是综合评价和报告阶段。根据指标体系进行发展进程分析和横向比较分析，对指标体现的发展成效进行总结，分析存在问题，形成评价报告上报区委区政府。

此外，根据新发展理念和高质量发展的内涵、外延的时代变化和顺德高质量发展的工作重点变化，适时调整完善指标体系。

3. 成果运用

区发展和改革局牵头相关部门，每年形成顺德区贯彻新发展理念推动高质量发展评价年度报告。

一是强化成果宣传，对外推介顺德贯彻新发展理念推动高质量发展的模式和成效，总结形成可复制可推广的示范经验。

二是提供决策参考，准确全面反映顺德贯彻新发展理念推动高质量发展的进程和在全省全国的坐标方位，适时调整工作重点，发挥指标体系对政策制定的决策参考作用。

三是结合实际情况，考虑将部分监测指标纳入全区绩效考评体系，充分发挥指标体系工作引导和激励作用。

四　顺德高质量发展评价基本结论

以 2018 年为基年，根据上文计算办法①，可以测

---

① 计算缺失值使用指数调整法。

算出 2016—2019 年顺德贯彻新发展理念推动高质量发展监测指标的各年数值介于 92—116（图 2-1），在整个 "十三五" 时期监测指数呈现逐渐提高态势。其中，2019 年的监测指数达到 115.681，在村改工作的带动下，呈现快速提升的态势。

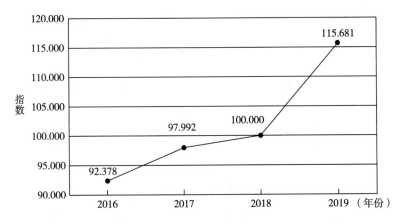

图 2-1　顺德贯彻新发展理念推动高质量发展监测指标体系的历年变动

从监测指数的历年变化看，"十三五" 时期的顺德发展可以划分为两个阶段。2016—2018 年是高质量发展的平稳进步阶段，顺德高质量发展呈现出稳步提升和小幅增长的态势。在这个阶段的指数增长中，财税质量、利用外资和智能水平的提升起到了重要的作用。2018 年，监测指标的主要贡献来自于村改工作、智能水平提升、外贸新业态（跨境电商等）占比三个因素。

2018—2019 年是顺德高质量发展的爆发增长阶段，高质量发展在村改工作的带动下实现了快速提高，年增速达到 15.7%。对比 2018 年前后的高质量发展态势，我们认为顺德高质量发展的主要瓶颈之一是土地要素。通过村改工作的带动，快速释放土地资源，提升土地要素的供给能力，从而导致顺德发展的"高效"变革。

（一）具体指标分析

采用与上文相同的指标合成办法对二级指标合成，可得到其计算结果（如表 2-4）。其中土地要素、创新载体呈现逐年快速增长态势；资本要素、劳动力要素、主体水平、智能水平、开放水平、创新投入、创新产出、就业收入、社会安全等指标呈现出小幅增长或平稳变化的态势；而结构效率、产品水平、公共服务、环境治理、生态建设等指标则表现出波动变化趋势；资源利用则出现逐年下滑的发展趋势。

表 2-4　　　　　　　　监测指数二级指标计算结果

一级指标	二级指标	2016 年	2017 年	2018 年	2019 年	变动趋势
动力变革	创新投入	90.97	97.38	100.00	104.00	平稳增长
	创新载体	86.25	96.16	100.00	110.53	快速增长
	创新产出	95.79	99.81	100.00	103.56	平稳增长
质量变革	主体水平	87.48	94.56	100.00	102.37	平稳增长
	产品水平	101.25	93.42	100.00	100.63	波动变化
	智能水平	72.97	83.97	100.00	105.91	平稳增长
	开放水平	85.86	89.22	100.00	105.72	平稳增长

续表

一级指标	二级指标	2016 年	2017 年	2018 年	2019 年	变动趋势
效率变革	土地要素	72.42	72.77	100.00	253.99	快速增长
	资本要素	86.20	98.76	100.00	102.53	平稳增长
	劳动力要素	93.01	97.81	100.00	100.39	平稳增长
	结构效率	91.82	97.36	100.00	99.22	波动变化
民生共享	公共服务	117.01	113.38	100.00	120.73	波动变化
	就业收入	96.82	98.38	100.00	102.53	平稳增长
	社会安全	95.80	97.83	100.00	103.78	平稳增长
绿色环境	资源利用	101.87	100.62	100.00	98.76	逐步下滑
	环境治理	107.56	140.36	100.00	102.19	波动变化
	生态建设	93.61	95.65	100.00	99.99	波动变化

从二级指标的变化看，顺德发展体现出三个方面的特点。

一是土地领域的改革直接导致土地要素指数的超高速增长。2018—2019 年，土地要素指数增长了153.99%，这主要是因为村级工业园拆建工作提速，2019 年村级工业园累计拆除整理面积比 2018 年增长了5.32 倍，累计建设面积增长了 6.16 倍，大量释放经济产业发展空间，为经济高质量发展奠定了扎实基础。同期，单位土地 GDP 的稳定增长（2019 年增长6.6%）也表明土地规模整备工作并未导致土地单位产出能力的下降。

二是主要经济和创新类指标小幅增长，表明高质量发展的持续能力仍有所欠缺。例如资本要素中的工业固定资产投资增速呈现出较大幅度的波动，从 2016 年的 29.6% 逐年下降至 2018 年的 15.7%，至 2019 年增速才有较大反弹（42.1%），这表明工业持续快速增长的基础并不十分稳固。再比如，顺德优势较大的智能制造，在指标上反映出增长先快后缓的特点，这在一定程度上反映了顺德智能制造虽然具有良好的产业基础、应用基础，但缺乏持续提高的能力，以美的为代表的顺德家电制造业在头部企业完成智能化改造以后，工业智能化的步伐就有可能出现一定程度的放缓。

三是高质量发展中的环境因素需要得到高度重视。顺德贯彻新发展理念推动高质量发展监测指数中绿色环境所属三项二级指标中均呈现波动甚至下滑态势，这表现出顺德高质量发展的绿色基础仍有待加强。

（二）对标分析

1. 对标城市/地区选择

根据顺德高质量发展的主要特点，在省内选取了珠江口东岸的广州、深圳、东莞作为对标对象；在国内选取了北京、上海等制造业发达、创新突出和城市发展较为先进的省市为对标对象；在国外我们选取了部分制造业发达、科技昌明、社会发展程度较高的国家和地区作为对标对象，共整理出 17 项指标。其中，用以衡量"产品水平"的"主导或参与制（修）订国际、国家、行业、地方标准数量"在国内外存在较大范围的数据缺失和数据统计口径差异,因而废弃该指标。最后,选用了 16 项指标进行对比。

在选取具体对标城市和地区时,根据实际情况选取了部分城市或地区作为标杆,具体选择结论如表 2-5 所示。

表 2-5　　　　　　　　评估指数对标选择

一级指标	二级指标	指标	顺德数值	对标城市/地区	对标数值
动力变革	创新投入	R&D 经费支出占 GDP 比重	3.670	深圳	4.800
	创新载体	国家级高新技术企业数量与规模以上工业企业数量的比值	0.759	上海	0.959
	创新产出	万人发明专利拥有量	35.934	上海	47.500
质量变革	主体水平	十亿元规模企业数量占规模以上企业数量的比重	2.580	广州	3.893
	智能水平	规模以上工业企业每万名劳动者拥有工业机器人数量	143.690	美国平均	217.000
	开放水平	一般贸易与加工贸易的比值	1.506	广州	1.964
效率变革	土地要素	单位建设用地 GDP	7.546	上海	10.350
	资本要素	工业固定资产投资增速	15.700	深圳	18.800
	劳动力要素	规模以上工业企业全员劳动生产率	28.927	深圳	27.260
	结构效率	先进制造业增加值占规模以上工业增加值比重	69.200	深圳	72.100
民生共享	公共服务	万人拥有执业(助理)医师数	22.210	上海	29.000
	就业收入	城乡居民人均可支配收入	54038.000	上海	64182.600
	社会安全	亿元生产总值生产安全事故死亡率	0.031	广州	0.015

续表

一级指标	二级指标	指标	顺德数值	对标城市/地区	对标数值
绿色环境	资源利用	单位 GDP 能耗下降率	5.500	上海	5.670
	环境治理	主要污染物排放总量降低率	0.675	广东平均	6.020
	生态建设	建成区绿化覆盖率/森林覆盖率	45.050	北京	48.000

2. 指标权重确定

采取层次分析法（AHP），根据各指标的重要程度赋予不同权重。即经过层次结构模型构建、判断（成对比较）矩阵构造、层次单排序及其一致性检验、层次总排序及其一致性检验等步骤，形成由多个专家客观对比综合形成的权重系统。

表 2-6　　　　　　　　评估指标权重计算结果

一级指标	二级指标	指标	权重
动力变革	创新投入	R&D 经费支出占 GDP 比重	0.10
	创新载体	国家级高新技术企业数量与规模以上工业企业数量的比值	0.08
	创新产出	万人发明专利拥有量	0.08
质量变革	主体水平	十亿元规模企业数量占规模以上企业数量的比重	0.05
	智能水平	规模以上工业企业每万名劳动者拥有工业机器人数量	0.07
	开放水平	一般贸易与加工贸易的比值	0.05
效率变革	土地要素	单位建设用地 GDP	0.08
	资本要素	工业固定资产投资增速	0.05
	劳动力要素	规模以上工业企业全员劳动生产率	0.06
	结构效率	先进制造业增加值占规模以上工业增加值比重	0.06

续表

一级指标	二级指标	指标	权重
民生共享	公共服务	万人拥有执业（助理）医师数	0.05
	就业收入	城乡居民人均可支配收入	0.08
	社会安全	亿元生产总值生产安全事故死亡率	0.04
绿色环境	资源利用	单位 GDP 能耗下降率	0.06
	环境治理	主要污染物排放总量降低率	0.05
	生态建设	建成区绿化覆盖率/森林覆盖率	0.04

3. 指数计算与分析

分别计算各指标指数后，根据各级权重逐级合成综合指数。与监测指标相似，评估指标的计算也以2018 年为基年。但与监测指标体系不同，评估指标按上文"标杆法"进行计算，测算可得顺德贯彻新发展理念推动高质量发展评估指数值为 90.63，约相当于深圳（109.15）的 83%，广州（101.17）的 89.6%，约高于东莞（89.73）1%，比广东平均水平（88.15）约高 2.48 分（见图 2-2）。

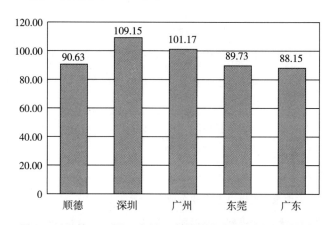

图 2-2 顺德、深圳、广州、东莞及全省的评估指数对比

从二级指标看，顺德的相对优势在三大变革，即动力变革、质量变革、效率变革三项指标，相对弱项是民生共享、绿色环境两项指标（图2-3、表2-7）

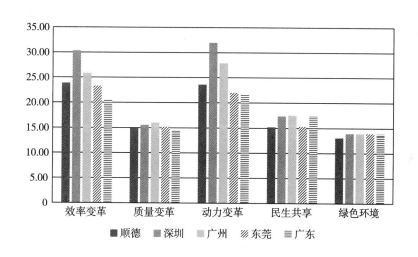

图2-3　顺德、深圳、广州、东莞及全省评估指数分项对比

表2-7　　　　　　　　　　评估指数分项对比

指标	顺德	深圳	广州	东莞	广东	顺德在四个城市/城区排序
动力变革	90.82	123.00	107.30	84.58	83.71	3
质量变革	87.72	91.50	94.16	89.41	85.73	4
效率变革	95.41	121.43	103.35	93.20	82.30	3
民生共享	89.41	102.14	103.13	90.28	101.98	4
绿色环境	87.03	92.65	92.65	92.65	92.65	4

总体来看，顺德与东莞处于同一水平，在效率变革、质量变革、动力变革等方面顺德有一定优势，但

在民生共享、绿色环境两个方面，顺德与其他城市①、广东全省差距较为明显。

4. 城市对比分析

进一步地，我们对三级指标进行解算，可以得到图 2-4、图 2-5 和图 2-6，分别呈现了顺德与深圳、广州和东莞的高质量发展差距。如图 2-4 所示，顺德在劳动力素质、主体水平、资源利用②等方面略胜于深圳，在结构效率、开放水平、生态建设方面与深圳基本持平，其他 10 项指标不同程度劣于深圳。差距最大的是土地要素（单位建设用地 GDP，真实值相当于深圳的 27.3%）、创新产出（万人发明专利拥有量，真实值相当于深圳的 38.22%）、创新载体（国家级高新技术企业数量与规模以上工业企业数量的比值，真实值相当于深圳的 41.90%）等指标。一方面凸显深圳创新引领、高集约度高质量发展模式的优势，另一方面反映了顺德高质量发展在土地、创新等领域巨大的发展空间。

---

① 绿色环境所属的 3 个指标囿于数据缺失问题，深圳、广州、东莞均选用了广东全省平均水平进行指标替代。

② 资源利用指标，因深圳采用了广东全省平均指标，此处反映的是顺德对广东全省平均水平的优势。从资源利用指标的原始指标"单位 GDP 能耗下降率"来看，因深圳工业轻型化、高科技化高于顺德，因此单位 GDP 能耗已低于顺德，其下降空间相对顺德较小，因此单位 GDP 能耗下降率通常低于顺德。因此图 2-4 反映的资源利用指标对比形态是可靠可信的。

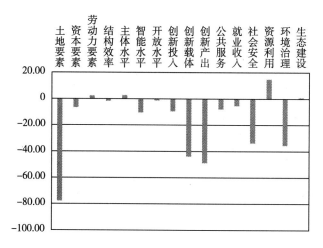

图 2-4　顺德与深圳评估指数差距

　　如图 2-5 所示，顺德虽然在资本要素、劳动力要素、结构效率、创新投入、资源利用等方面具有一定优势。顺德与广州的高质量发展差距仍主要体现在空间、创新等方面。广州在土地要素（单位建设用地的 GDP 产出，顺德真实值相当于广州的 41.33%）和创新载体（高企占比，顺德真实值相当于广州的 32.26%）两个方面对顺德具有显著的优势。在环境治理、社会安全、公共服务、就业收入、主体水平（企业）、开放水平等方面也有程度不同的领先。

　　如图 2-6 所示，顺德与东莞的高质量发展水平基本持平，在劳动力要素、结构效率、开放水平、创新投入、创新产出、资源利用六项指标方面具有优势，在土地要素、资本要素、主体水平、环境治理四项指标呈现较明显劣势。智能水平、创新载体、公共服务、就业收入、社会安全、生态建设六个方面则基本持平。

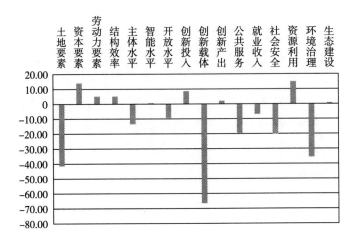

图 2-5 顺德与广州评估指数差距

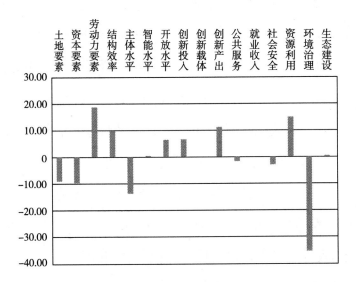

图 2-6 顺德与东莞评估指数差距

第三章　顺德高质量发展基本经验

　　2018 年 9 月 19 日，广东省委全面深化改革领导小组印发《关于同意佛山市顺德区率先建设广东省高质量发展体制机制改革创新实验区的批复》，鼓励顺德大胆试、大胆闯、自主改，以"顺德样本""顺德示范"为全省高质量发展提供经验借鉴。① 2019 年 12 月 31日，在广东省委深改组第六次会议上，省委书记李希提出把顺德建设成新时代广东省贯彻落实新发展理念实验区的更新更高要求。在中央精神指引和省市直接领导下，顺德持续激发敢闯敢试、敢为人先的改革精神，全面创新体制机制，敢啃硬骨头，加快村级工业园改造，全力推动高质量发展，构建新发展格局。

---

　　① 朱朝贵：《顺德村级工业园改造样本面向全省推介》，《佛山日报》2020 年 12 月 15 日第 4 版。

一　坚持不搞特殊，立足于可复制、可推广，坚定地扛起顺德示范、顺德样本的使命担当

坚定地在改革创新中先行先试，哪里影响改造就从哪里改革突破，决不让困难矛盾成为拦路虎。一是基本形成完备的村级工业园改造政策体系。主动创新35 项政策做法，历经实践检验并及时调整完善，对于区级权限不能解决的问题，向广东省申请第一批 11 项、第二批 8 项政策支持，向佛山市申请 9 项支持事项。区内平衡调整土规、单一主体归宗改造视同政府收储、工业厂房按基本单元分割、预支存量建设用地奖励指标、容缺受理和信任审批等核心政策做法，在广东全省复制推广。[①] 广州、深圳、惠州、东莞、中山、青岛、宁波、无锡、萧山、昆山等省内外 100 多个城市的市、区、镇党政代表团和职能部门到顺德考察交流。二是形成具有示范效应的村级工业园改造模式。探索出政府挂账收储、一二级联动改造、国有集体混合开发、直接征收开发、生态复垦复绿、政府统租统管、企业长租自管、企业自主改造、土地改造权+

[①] 朱朝贵、黄才文、于祥华：《奋力书写走在前列的顺德答卷》，《佛山日报》2020 年 11 月 27 日第 5 版。

使用权打包公开招标改造九种改造模式，有效解决了
土地权属复杂、改造路径单一、改造成本过高、各方
利益难以平衡等难题。① 三是多措并举破解改造资金难
题。建立政府引导，金融机构、社会资本广泛参与的
多元化投入机制，拓宽资金来源渠道。

二　坚持蹄疾步稳，在深入细致工作中强势稳定推进村级工业园改造

坚持深入细致开展群众、企业工作，在稳定有序
中推进改造，实现零事故、零投诉、零集体上访。一
是文明执法、强执法与合理补偿相结合，在稳定中做
好园区业主、企业清退工作。以文明执法、强执法倒
逼配合，建立健全利益补偿和腾挪安置机制，在稳定
中强势淘汰落后产能小微企业，有序腾挪安置产业链
配套、成长型优质企业和产业工人，让企业感受村改
有"温度"。二是用心用情用脚走好新时代群众路线，
村集体表决通过率节节攀升。不简单靠政府行政力来推
动，坚持围绕村改如何保障农民长远收益，做实做细做
足群众工作，算好"工改工"经济账，让群众立足长远
看待发展收益，由群众自主表决选择改造方案。

---

① 张曙红、张建军、周雷、胡文鹏、孟飞：《顺德再造》，《经济日
报》2021年2月1日第9版。

三　坚持"工改工"为主，以改革突破的思维有效管控工业用地成本

　　坚持为实体经济造环境、造空间、优环境，多措并举降低产业用地成本。一是通过"封闭运作"等方式平衡用地成本。全区统筹封闭运作 13.5 万亩村级工业园改造收支，"工改工"、"工改商（住）"、复垦复绿比例分别为 70%、22%、8%左右，将政府通过村改土地出让获得的收益再次投入各村改项目中，尤其是用改商住项目收益反哺改工项目，实现改造总体利益平衡，激发村居的改造积极性，降低政府改造成本、制造业企业用地成本。建立肥瘦搭配的"工改住"协议出让与"工改工"联动改造机制，协议出让"工改住"项目须按 1∶2.5 的比例完成相应面积的"工改工"项目，促进改造项目间的利益平衡，调动社会资本参与"工改工"的积极性，有效降低工业用地价格。二是制度创新降低整理改造成本。一方面，出台土地管理优惠政策，建立工业用地容积率调节机制，不延长年限提高容积率和建筑密度，不计收土地出让金，鼓励提高土地开发强度，提高土地利用效率；创新弹性年期出让土地和土地年租制，配套税收优惠政策，切实减轻企业用地成本；在审批流程、改造资金

奖励、全产业链招商等方面给予扶持，降低"工改工"改造成本。另一方面，优化税收制度，降低税费成本，针对连片整合多宗权属地块涉及所得税、增值税和土地增值税等税负畸高问题，通过创新将单一市场主体收购归宗，视同政府收储，仅征收企业所得税，税收成本同比下降90%。明确符合条件的配建物业移交可作为取得土地使用权的成本，免除土地增值税，降低土地整理成本，充分调动市场主体积极性。三是规范工业厂房管理解决中小工业企业需求。出台工业厂房分割转让政策，允许将厂房划分为不低于300平方米的单元（单层）分割转让，加快改造企业资金回笼，并可灵活抵押融资，也降低科技型初创企业和小微工业企业购置或租赁成本，极好地解决了中小企业资金不足但发展需求又迫切等问题。科学筛选一批优质入园企业给以租、购厂房和地方经济贡献补贴，合理降低企业运营成本，扶持中小企业做大做强。四是严格限制自然人购买工业厂房，坚决避免工业地产推高制造业成本。规范分割转让受让对象，严格限制一般自然人购买，将项目履约情况纳入镇、村常态化巡察内容，压实各方监管责任，坚决避免工业地产推高制造业成本。

四　坚持连片规划，高标准建设现代 主题产业城（园）

村级工业园区改造之后的土地，必须精心布局产业空间和功能定位。一是高水平重构产业空间布局。全面整合 382 个村级工业园建设连片现代主题产业城，2020 年启动规划建设超 20 平方千米的大良红岗科技城、龙江数字产业城，推动十个镇街各至少建设 1 个平均超两千亩的现代主题产业城（园）。① 二是探索构建现代产业城（园）"四定"建设管理标准。定园区产业主题方向、定园区企业准入标准、定园区建设标准、定园区有力度的产业扶持政策，聚焦发展芯片、机器人、生物医药、新材料等战略性新兴产业，打造智慧、生态、安全、人文、美丽的现代化园区。

五　坚持以村改为契机推动产业转型升级， 坚定不移走创新驱动发展之路

不断完善以企业为主体的创新体系，支持企业加快向数字化、网络化、智能化、绿色化方向转型升级。

---

① 张曙红、张建军、周雷、胡文鹏、孟飞：《顺德再造》，《经济日报》2021 年 2 月 1 日第 9 版。

一是"一企一策"全力打造"三个一批"创新型企业军团。重点巩固壮大美的、碧桂园、格兰仕等十家具有国际竞争力的企业，发展提升东箭、科达洁能等50家具有行业引领地位的创新型企业，培育打造隆深机器人、惠而浦等200家具有高成长性支撑未来的企业。二是激发本地骨干企业增资扩产、战略性新兴企业抢滩布局的强大市场活力。一方面，推动美的、碧桂园、格兰仕等本土骨干企业在顺德增资扩产，另一方面，向全球招好商、招大商，培育壮大战略性新兴产业集群。投资超百亿元的世界级开源芯片基地、宁波海天高端智能装备产业基地、百度云计算中心、万洋数字装备园、联塑新材料主题园等一批优质项目相继落地。三是坚定下好创新驱动发展先手棋。重奖创新，出台顺德科技创新"十条"，支持企业面向全球发布20项核心技术攻关清单，重奖科技创新全球化领军企业和科学技术奖项目，最高可给予1000万元资助。2019年R&D经费支出占GDP比重达4.28%。重视人才，发布顺德人才新政等，支持企业面向全球推出360个百万年薪岗位。目前，全区引进中科院团队8个，博士超2100人、硕士超1.5万人，创新人才集聚效应凸显。

六　坚持以村改为契机化解农村历史遗留问题，极大密切党群干群关系

针对群众反映强烈的历史遗留问题，坚持村改推进到哪里，农村矛盾和问题就努力化解到哪里。一是统筹化解征地留用地等群众意见大的涉土历史遗留问题。统筹布局村改后腾出的连片空间，优先支持、稳步有序兑现征地留用地，并探索建立留用地指标货币兑换或物业置换机制。二是有效破解农民意见强烈的集体土地长租期、低租金等问题。通过村改重构农村土地利益分配格局，将剩余租期长达30—40年、层层转租的租约归零，为村集体带来长短结合、钱物兼有的多种改造收益，让村集体最大化享受土地增值红利。三是有效解决农村基层社会治理乱象。结合村改健全农村基层"党领导一切"机制，下沉公安、监察、法检力量敢于碰硬，全面整顿部分农村党组织软弱涣散等问题，全区村居党组织书记"三职一肩挑"比例历史性达100%，村改成为展现新时代党组织凝聚群众共识、增进群众福祉的生动实践。[1]

---

[1]　朱朝贵、黄才文、于祥华：《奋力书写走在前列的顺德答卷》，《佛山日报》2020年11月27日第5版。

七　坚持以村改为契机大力推进乡村振兴，让群众共享改革发展成果

统筹谋划村改与乡村振兴，努力走出一条有珠三角特色的顺德乡村振兴之路。一是大力保障和提升农村农民长远收益。以村改新增效益反哺农村，明确需配建占村改收益50%以上的产权物业由村集体长期持有，不少村居达到100%，极大地改变了过去"分光吃光"现象，确保农村长远发展，农民长远收益。二是全面发起人居环境整治大会战。结合村改推进高水平村庄规划全覆盖，破解工业园区与村庄混杂交织，大气、水污染等人居环境问题。谋划推动40个整村改造项目，集中力量打造"百里芳华"乡村振兴示范带。三是启动新一轮农村综合改革激发活力。抢抓村改窗口期，以制度建设为重点，推出股权制度改革、集体经济可持续发展机制等36项农村综合改革举措，为乡村振兴赋能。

八　坚持以村改为契机推动生态文明建设，满足人民群众日益增长的优美生态环境需要

坚决把村改过程作为淘汰落后产能、极大改善生

态环境的过程，坚定不移走绿色发展之路。强化源头管控推动生态修复治理。从源头彻底淘汰高污染、高排放、高能耗项目，有力支撑打赢打好污染防治攻坚战。率先建立地券制度，增减挂钩复垦地券可与"工改商（住）"协议出让联动，大幅度提高复垦复绿的积极性。要求每个镇街利用村改腾出土地至少建设一个超300亩的主题文化公园，营造优美生态环境。

九 坚持党的领导，锻造一支敢于担当、主动作为、甘于奉献的顺德铁军

面对村改这个难啃的"硬骨头"，始终把坚持和加强党的领导摆在首位，将村改作为党委政府"头号工程"，建立"一把手"负总责机制。区、镇主要领导率先垂范，既当指挥员又当战斗员，深入村改第一线，十大镇街形成相互竞拼、相互学习、万马奔腾的生动局面。区委调配一切资源和力量，组织近千名干部"5+2""白加黑"奋战在村改最前列，树立敢担当、善作为的鲜明用人导向，建立履职容错免责机制，锻造一支闻鸡起舞、日夜兼程、风雨无阻攻坚克难的顺德铁军，这是实验区建设最大收获之一。

第四章　新阶段、新机遇、新使命

2020 年 10 月，党的十九届五中全会强调"以推动高质量发展为主题，以深化供给侧结构性改革为主线，以改革创新为根本动力，以满足人民日益增长的美好生活需要为根本目的，统筹发展和安全，加快建设现代化经济体系，加快构建以国内大循环为主体、国内国际双循环相互促进的新发展格局"①。新理念、新阶段、新格局，对顺德推进更高质量发展提出了新的更高要求。

一　我国发展进入新阶段

新发展阶段之"新"，指的是我国社会主义初级阶段历史进程进入新阶段，面临新情况、新挑战、新任

---

① 《习近平在省部级主要领导干部学习贯彻党的十九届五中全会精神专题研讨班开班式上发表重要讲话》，新华网，2021 年 1 月 11 日。

务。习近平总书记指出："社会主义初级阶段不是一个静态、一成不变、停滞不前的阶段，也不是一个自发、被动、不用费多大气力自然而然就可以跨过的阶段，而是一个动态、积极有为、始终洋溢着蓬勃生机活力的过程，是一个阶梯式递进、不断发展进步、日益接近质的飞跃的量的积累和发展变化的过程。"① 新发展阶段就是集中解决社会主义现代化所面临的新问题和新挑战、打赢决胜攻坚战的阶段。首先，新发展阶段以高质量发展为根本遵循。我国是世界第二大经济体，经济发展速度快、体量大、门类齐全。但总的看来，我国经济发展仍然具有发展中国家的特征，如产品质量有待提升，关键技术尚需突破，低水平重复建设现象亟须克服等。这就要求新发展阶段，必须坚持以高质量发展为根本遵循，同步推进工业化、信息化、城镇化和农业现代化。其次，新发展阶段以实现共同富裕为重要目标。实现人民共同富裕，是社会主义的本质要求，也是我国社会主义初级阶段的奋斗目标。2035 年远景目标明确，人均国内生产总值达到中等发达国家水平，中等收入群体显著扩大。我国 2021 年人均国民总收入突破 1.2 万美元，已经接近高收入国家的门槛，与此同时，我国城乡区域和不同阶层之间收

---

① 《习近平在省部级主要领导干部学习贯彻党的十九届五中全会精神专题研讨班开班式上发表重要讲话》，新华网，2021 年 1 月 11 日。

入差距仍然较大。实现共同富裕，还有不少工作要做。最后，新发展阶段以实现国家治理体系和治理能力现代化为重要要求。随着中国特色社会主义大踏步前进，各方面的制度更加成熟、更加定型，国家治理体系和治理能力现代化的第一步总目标已经实现。新发展阶段要求，到 2035 年基本实现国家治理体系和治理能力现代化，到 21 世纪中叶，全面实现国家治理体系和治理能力现代化。基本实现是全面实现的基础，二者首尾相连、紧密结合、目标一致。① 新阶段要求加强国家治理制度的系统化、体系化、现代化，不断提升治理能力，把我国制度优势更好、更快地转化为国家治理效能。

新发展阶段是集中贯彻落实新发展理念的阶段。新发展理念是中国共产党深化改革、扩大开放、促进发展的智慧结晶。新发展理念引导我国经济社会发展取得了历史性成就，发生了历史性变革。进入新发展阶段、推动高质量发展的首要任务就是集中精力贯彻落实新发展理念。新发展理念的根本宗旨是以人民为中心，为人民谋幸福，为民族谋复兴。新发展理念以问题为导向，进一步解决发展不平衡、不充分的问题。新发展理念保持忧患意识。世界仍处于大变革、大发

---

① 李景治：《准确把握"新发展阶段"的历史方位和科学内涵》，《学术界》2021 年第 5 期。

展、大调整时期，霸权主义、单边主义和冷战思维仍然存在并有新的体现。新发展阶段要始终坚持总体国家安全观，保持和增强忧患意识，随时准备应对由此带来的危机、困难和挑战，确保国家经济安全，保障基础设施、重要产业、战略资源、重大科技的运转发展安全可控，维护社会稳定和安全。新发展理念坚持和深化生态文明建设，推动人与自然和谐共生。新发展理念立足国内大循环，以国内大循环为主，继续坚持国际大循环，不断增强我国全球要素配置能力，提升我国在全球产业链、价值链中的地位，建立健全国内国际双循环体系。

新发展理念继续坚持改革开放。改革开放是中国经济快速发展、社会全面进步的动力，也是中国成功的经验。进入新发展阶段，推动社会主义从初级阶段向更高阶段迈进，必须继续坚持改革开放。新形势下的改革，既要改革与生产力发展不相适应的生产关系和与生产关系不相适应的上层建筑及其国家治理的体制机制，促进生产力的解放发展，又要从制度上、体制机制上完善改革成果，推动高质量发展、平衡充分发展，构建高品质生活。

二　顺德发展的新使命

根据党的十九大做出的到 2035 年我国基本实现社

会主义现代化的战略安排，综合研判国内外发展趋势和顺德发展条件，展望 2035 年，全区经济总量在 2020 年基础上率先高质量实现翻一番，人均地区生产总值达到更高水平，努力向新的更高台阶迈进。创新能力大幅跃升，产业链、供应链现代化水平达到国际一流；培育世界级先进制造业集群，全面建成现代产业体系；开放水平全面提升，形成高标准市场体系和面向世界的高水平开放新体制；全域治理体系和治理能力现代化水平走在全国前列，城乡面貌显著改善，城市特色品质更加突出，人与自然和谐共生，城乡居民收入差距大幅缩小，全体人民共同富裕取得坚实成效，人民生活幸福感、获得感、安全感全面提升。

锚定 2035 年远景目标，顺德区"十四五"时期战略定位为：

全国制造业创新发展标杆。在金融支撑实体经济创新发展、完善知识产权保护体制机制、构建科技人才开发管理体制等方面先行先试，聚焦先进制造业核心领域、核心技术和核心部件，构建活力充沛、对标全球的产业创新体系，建成全球智能制造最集中、实力最强的区域之一。

城乡融合新型城镇化县域标杆。以村改推动土地效率革命，全面优化城乡和产业空间布局，实现品质城市、魅力小镇和美丽乡村有机融合、协调发展，探索中国特色社会主义县域城市发展新模式。

岭南水乡风情的美丽中国标杆。率先探索生态环境治理现代化新路径，发展美丽产业、环保产业，推广绿色建筑、绿色金融，呵护绿水碧波的生态之美，建设低碳城市，再现岭南水乡山水灵韵[①]，走出一条生产强、生活好、生态优的"三生"融合之路。

中小城市全域国际化标杆。创新粤港澳大湾区协同发展体制机制，携手港澳、拥抱广深，构建接轨国际的开放型经济体系和一流营商环境，推动中华岭南文化与世界优秀文化交融，建设中小城市全领域对外开放新窗口。

社会治理现代化县域标杆。率先探索推进县域治理体系和治理能力现代化实施路径，建设数字政府和智慧城市，高水平推进社会治理现代化，形成高质量均衡化的公共服务体系，建设最安全稳定、最公平公正、法治环境最好的城市之一。

围绕上述发展定位，顺德区"十四五"发展目标明确为：

经济发展再上台阶。经济发展质量和效益显著提高，发展动力更加充沛，产业结构优化升级，产业体系更加完善，内需对经济增长的拉动作用显著提升，

---

① 赵狄娜：《开放顺德，走上高品质之路》，《小康杂志社》2021年8月上旬刊。

现代化经济体系建设取得重大进展。

改革开放成效显著。村级工业园改造成效突出，带动多领域体制机制改革实现突破，一批可复制可推广的改革经验得以创造，产业发展格局、生态建设格局、基层治理格局全面重塑，城市价值全面提升。高水平开放进一步扩大，资源配置效率大幅提高，企业布局全球步伐加速。

自主创新进步明显。创新体系更加完备，创新集聚能力明显增强，各类主体创新活力充分激发，重大科技成果集成、转化能力大幅提高，关键技术、核心零部件自主可控取得新成效，研发投入持续提高，全社会研发经费占地区生产总值比重达到 4.4%。

产业体系高端优质。现代产业体系不断完善，产业基础高级化、产业链现代化水平明显提高。现代服务业与先进制造业深度融合发展，以人工智能、大数据、金融业为代表的生产性服务业发展迅速。战略性新兴产业发展壮大，数字对产业发展的赋能作用不断增强，数字经济增加值占地区生产总值比重达到 50%。

城乡形态提质升级。国土空间开发保护格局更加优化，破旧低效村级工业园退出历史舞台，生态环境持续改善，城市品质明显提升，基础设施支撑能力显著增强，城乡人居环境大幅改善，乡村振兴战略全面推进，生态宜居美丽乡村建设取得重大成果，城乡融合发展格局基本形成。

公共服务优质普惠。社会保障体系更加完善，数字化、多样化、高品质、个性化公共服务供给更加丰富便利，在幼有善育、学有优教、劳有厚得、病有良医、老有颐养、住有宜居、弱有众扶上取得明显进步，城市吸引力显著提升，人民生活水平和质量大幅提高。

社会治理精细高效。就业规模不断扩大，城乡居民人均可支配收入与经济增长基本同步。社会信用体系建设创新突破，示范效应逐步显现。党建引领社会治理创新日益彰显，共建共治共享社会治理格局加速形成。城市管理精细化水平显著提高。社会主义核心价值观深入人心，城市文明程度全面提升。

以着力造空间、造环境，推动制造智能化、创新全球化、发展绿色化，以建设科技顺德、文明顺德、美丽顺德、和谐顺德、富裕顺德为发展路径，奋力将顺德建设成为贯彻新发展理念、推动高质量发展的示范区。

三 以改革拓展发展新空间

改革开放至今，作为改革发展的"排头兵"，顺德因改革而兴、因改革而强。在中国特色社会主义进入新时代的重大历史关口，如何进一步深化改革，拓展发展空间，成为顺德区委区政府的工作重点。顺德区深入贯彻新发展理念，围绕"村级工业园改造"和"新一轮农村综合改革"，以党建引领高质量发展，开启了"二次创业"，助力千年"凤城"再次展翅高飞，全力打造新时代广东省贯彻落实新发展理念实验区。

（一）持续探索村级工业园改造体制机制

坚持系统观念，通过深化改革推动高质量发展，推动有效市场、有为政府有机协调。坚定不移推进村级工业园改造，保持战略定力，用好用足腾出的连片土地空间，推动产业、生态、社会治理等各领域加快向高质量发展迈进，把新发展理念落到实处。

打好村级工业园升级改造总攻战。全面落实"2019年大突破、2021年定格局、2022年成示范"三大目标。到2021年，村级工业园总体实现应改尽改，破旧落后的村级工业园退出顺德历史舞台，基本淘汰落后产能，基本拆除危旧厂房，基本确立村级工业园全面改造整治提升局面。到2022年，村级工业园改造成效进一步巩固，累计复垦复绿不少于10000亩，初步建立现代产业园区体系，"顺德样板""顺德示范"更加成熟。到2025年，建成一批现代主题产业园，村级工业园改造推动产业集聚发展的整体示范效应进一步增强，在全省乃至全国率先形成带动示范效应。

坚持统筹部署、分类处置。全面开展"六清"①，为村改快速有序推进提供有力支撑。因地制宜，统筹区镇两级土地资源，实行"五个一批"，建设一批现代主题产业园，规划一批产业用地，利用一批临时建（构）筑物，复垦复绿一批已建设用地，储备控制一批发展用地。运用经营的理念，推进土地资源高效开发、综合利用、循环利用和集约利用，用好村级工业园腾出空间，推动土地资产保值增值，保障经济社会强而有力持续发展。实行"封闭运作"平衡用地成本，推动村改商住项目收益反哺工业项目、复绿项目。

打造智慧、安全、生态、人文、美丽的连片现代主题产业城（园）。坚持以"工改工"②为主导改造方向，坚持连片改造，优化全区村级工业园功能布局，强化规划引领与管控作用，以智慧安全的管理运营、

---

① "六清"："六清"是指全力做到"清零、清退、清拆、清收、清理、清单"：第一个"清"是指推动应改园区全面清零，实现2021年7月1日前382个村级工业园和其他低端园区应改尽改。第二个"清"，要坚决依法对落后产能、不合格企业进行清退。第三个"清"，要推动应拆建筑全面清拆，在确保26700亩应拆未拆园区全部拆除完毕的基础上，新增拆除整理土地29200亩，为建党100周年献礼。第四个"清"，积极主动开展全面清收，创新资金投入模式，新增储备3万亩发展用地，为高质量发展预留一批优质空间，同时树立"经营土地"理念，鼓励社会资本积极参与"村改"项目，科学把控土地出让节奏，推动镇街内部"村改"资金良性运作、收支平衡。第五个"清"，清理园区环境。第六个"清"，全面梳理政策清单，制定具体操作指引，梳理一揽子政策创新体系，使"村改"经验可系统集成、复制推广。

② "工改工"：现状工业用地按照规划改造为工业用地性质。

生态环保的美丽环境、开放包容的空间形态赋能园区建设，推动产业空间、公共空间、生活空间"三位一体"高质量发展。保持战略定力，严格落实"定园区产业主题方向、定园区企业准入标准、定园区建设标准、定园区有力度的产业扶持政策"的"四定"要求，瞄准全国乃至全球引进高端产业、优秀企业，高起点、高标准规划建设超 20 平方千米的顺德红岗科技城、顺德（龙江）数字产业城，以及十大平均超两千亩的现代主题产业园，形成园区规划、土地整理、项目引入、开发建设全链条体系，重构产城人文四维融合的城市发展空间。

创新村改利益共享机制。健全利益平衡机制，兼顾平衡各方利益、长短期利益，着力保障村集体、村民长远收益，完善土地开发利用的利益投入、激励、调节、矛盾化解等机制。建立快查快处机制，开展联合执法、文明执法、强执法，同步建立市场化的退出补偿机制，实行合理补偿。在提炼提升政府挂账收储、政府直接征收、政府生态修复、改造权公开交易、一二级联动开发、国有集体混合开发、企业自主改造、政府统租统管、企业长租自管九种改造模式基础上，不断探索创新更多改造新模式。

加强政策体系和机制创新。强化党政"一把手"双组长负责、部门联动决策议事机制。持续提升纵向

"一竿子"、横向"一次过"审批机制。加强审计监督及廉政建设，规范村改全链条工作流程，为村级工业园改造行稳致远保驾护航。完善产业、价格、财政、金融等政策支撑体系，着力破解制约土地高效利用的机制障碍，推动顺德成功经验在全省乃至全国复制推广。

（二）完善新一轮农村综合改革

改革农村集体产权制度。探索改革农村股权固化政策，推动股权向权利义务对等、代际分配平衡方向发展。稳妥探索农村宅基地制度改革，系统梳理农村宅基地固化名单，创新农村宅基地开发利用机制，推广用宅基地固化指标换购农民公寓，引导农民"上楼"。

完善集体资产收益分配机制。规范农村集体资产管理，提高股份社村改项目集体收益提留比例，鼓励股份社通过购置物业等方式，促进集体经济保值增值。支持提留资产的经营收益用于改善村（社区）人居环境、提升公共管理服务、开展公益福利事业、发展壮大集体经济、提高集体成员分红等，保障农民长远利益。

推动集体经济可持续发展。合理确定集体资产承包经营或租赁经营的期限、规模，探索将留用地指标作价入股村改项目，多渠道扩宽集体经济的增收途径，切实保障农民长远收益和农业农村长远发展。培育发展农民专业合作社，建立健全农民合作社运行机制，增强其经济实力、发展活力和带动能力，提升其服务农民、帮助农民、提高农民、富裕农民的作用。推进农村集体资产上平台公开交易，实现"应上必上"。探索农村集体经济合作路径，鼓励集体土地连片开发。完善农村财务管理机制。

创新历史遗留问题解决机制。加快化解各种有依据、有条件、处于合法追溯期内的村（社区）征地留用地、债务等历史遗留问题。建立健全征地留用地指标货币兑换或实物置换机制，解决征地留用地问题。每年安排一定数量新增建设用地指标用于解决条件成熟的征地留用地的用地报批。探索合理调整农用地的建设用地指标，预留农业产业的发展空间，力促"点状供地"以及设施农业用地政策真正落地见效。

（三）加大形成有效市场改革力度

深入推进要素市场化改革。研究推进"再市场化"改革。深化产业用地市场化配置改革，充分运用市场机制盘活存量土地和低效用地，引导土地要素向实体经济、先进生产力集聚，推动创建国土资源节约集约模范县（市）。推进集体土地管理制度改革，构建

"同地同权同价同责"的城乡统一建设用地市场体系，积极探索实施农村集体经营性建设用地入市制度。统筹改革政府储备土地管理和经营机制，预留未来高质量发展新空间。突破制约创新要素自由流动的制度瓶颈，改革科研项目立项和组织方式，完善科研机构管理机制，建立完善产学研用协同创新机制，深化科技成果使用权、处置权和收益权改革以及人才集聚体制机制改革，优化"企业家+科学家+现代产业园"的科技创新成果转化应用机制，实行"揭榜挂帅"等激励制度，完善技术成果转化公开交易与监管体系，在科技人才管理体制、创新要素市场化配置机制、金融支撑实体经济创新发展等方面大胆突破，率先走出以科技创新支撑制造业高质量发展的路径。推动完善金融有效支持实体经济的体制机制。深化科技人才管理体制改革，促进专业技能、科研人员等非户籍人口在顺德便捷落户。加速数据市场化应用。发挥行业协会商会作用，推动人工智能、物联网等领域数据采集标准化，支持规范化数据开发利用。加强数据资源整合和安全保护，挖掘和提升社会数据资源价值。

深化国资国企改革。探索国有资本投资、运营公司改革，完善治理，突出主业，不断增强国有经济的竞争力和抗风险能力。推动国有资本高质量发展，参与村级工业园改造腾挪园区建设运营，打造一流的现代产业园区投资、建设、管理运营商。优化国有资本布局，实施产业板块化治理方略，推进国有资本结构战略性调整，增强国有企业助力经济社会发展和民生事业能力。实施顺德国资品牌工程，构建顺德智慧国资。积极稳妥分层分类深化混合所有制改革，激发国有企业内生活力动力。

优化民营经济发展环境。进一步放宽市场准入，破除制约民营企业发展的各种壁垒，依法平等保护民营企业的合法权益。加强企业家参与经济活动的主体意识，引导企业家积极投身村级工业园改造等重大改革和建设。规范政商交往行为，构建亲清政商关系。优化完善 24 小时企业服务平台、综合金融服务平台等，加强政策服务、融需对接服务等，精准纾解优质中小企业融资困难。建立企业家参与涉企政策制定机制。加大面向企业家开展政策、经济形势宣讲力度，引导有条件的民营企业加快建立现代企业制度，推动股份制改造，鼓励本地家族企业推进职业化管理。推动企业加大科研投入，实现数字化转型。积极发挥工商联、行业协会商会等作用，提升服务企业水平。开展顺商大会等交流活动，搭建交流合作、互帮互促平台。培育卓越的企业家队伍，大力传承和弘扬新时代顺商精神，营造激励企业家干事创业的浓厚氛围。探索建立顺商培养体系，推动企业重点培养优秀接班人。

（四）建设服务型有为政府

深化营商环境综合改革。对标全球先进、全国最优，进一步推进"放管服"改革，深化企业投资审批制度和商事制度改革，争当全国县域示范。完善"容缺受理""告知承诺制""信任审批"等审批新模式，深入推进企业开办12项新举措、实行"一次办好、零元成本"的"1210"① 改革，推广"互联网+政务服务"，实现"全链条、大并联、智能化"审批。全面推广企业投资工程建设项目报建审批代办服务。推进政府投资工程建设项目全过程提速改革。复制广东自贸试验区改革创新经验，推进国际贸易"单一窗口"和通关一体化改革。贯彻落实扩大外资准入政策，全面实施准入前国民待遇加负面清单管理制度。加快推进天然气、用水和交通等公用事业竞争性环节价格改革。

---

① "1210"："12"是指线上实行"一网通办、全程网办、秒报秒办"；线下实行"一窗受理、集成服务、现场即办"；创新线上线下导办帮办服务模式；扩大"一照通"改革模式范围；深化"证照联办"主体事项办理；推进企业开办跨城（跨省）通办；优化公章刻制申领流程；审批结果免费邮；企业印章免费赠送；税控设备免费发放；优化24小时企业服务平台建设；创业大礼包、启动仪式感贴心服务等12项企业开办新举措。"1"是指开办企业"一次办理"，将原先分散在各个不同部门的业务，统一集成到综合服务窗口进行多个关联事项一次性受理，再由综合窗口统筹将所有审批结果送达申请人，实现企业开办"一次办好""领照即开业"。"0"是指开办企业"零成本"。

加快社会信用体系建设。建立完善信用数据归集、存储、交换与共享机制，优化升级公共信用信息平台。大力推进高质量发展信用服务示范创建工作，重点围绕村级工业园改造、乡村振兴等工作，着力推进一批信用园区示范建设，探索建立可推广的信用指标体系，建立重点人群个人信用信息档案，开展基层治理引入社会信用管理体系试点建设。建立以信用为基础的新型市场监管模式，扩大"双随机—公开"监管范围。探索推进农业农村信用体系建设和黑名单制度，构建农业投入品和农产品领域守信激励和失信惩戒机制，全面提升农产品质量安全诚信意识和信用水平。加强信用信息开发利用，推广"信用+审批""信用+监管""信用+金融"等应用，健全和完善信用修复机制，加强普及宣传，持续深化全社会诚信价值理念。

优化政府职责体系。优化政府组织结构，科学统筹行政资源配置，明晰区镇两级职权。进一步理顺区、镇（街道）管理权限，巩固深化镇（街道）行政管理体制改革，激活镇（街道）新动能，实现大监管、大执法，提升基层服务能力。持续深化事业单位改革，按照省的部署，探索事业单位员额制管理改革。

加快现代财税制度改革。加强财政资源统筹，完善标准科学、规范透明、约束有力的预算管理制度，深化区镇两级财政事权与支出责任划分，增强基层公共服务保障能力。优化预算编制管理，推动全流程预算绩效深度融合。着力提升税收征管效能，深入落实各项减税降费政策，切实减轻企业负担。强化政府债务管理。

四　牢牢抓住创新这个牛鼻子

坚持创新在现代化建设全局中的核心地位，深入实施创新驱动发展战略，构建以企业为主体、市场为导向、科技金融为支撑、产学研深度融合的开放创新体系，加快科技成果转化，对接广深港澳科技创新走廊，打造全球制造业创新发展高地。

（一）推动企业提升创新能力

积极培育创新型企业。强化企业创新主体地位，实施"三个一批"行动计划，"一企一策"打造创新型企业军团，促进技术、人才、资金等创新要素向创新型企业合理流动和集聚。发挥大企业引领支撑作用，鼓励具有国际竞争力的企业通过海外并购或直接投资等方式整合全球创新资源。落实高新技术企业培育等各项重点工作举措，持续推动高新技术企业树标提质，加大力度培育一批"瞪羚"企业、"隐形冠军"企业、"独角兽"企业，支持创新型中小微企业成长为创新发源地。加大企业研发财政补贴力度，着力降低企业创新成本，推动产业链上中下游、大中小企业融通创新。

推动技术攻关与协同创新。实施"三核两高"引领战略。"三核"是指瞄准先进制造布局核心领域，瞄准科技前沿攻关核心技术，瞄准全产业链生产核心部件。"两高"是指争创高品质产品，打造高端品牌。围绕家电智能芯片、智能机器人本体制造核心零部件等开展核心技术攻关，聚焦解决"卡脖子"问题，组织企业加大创新攻关力度，形成一批支撑顺德创新驱动发展的重要创新成果。推进产学研深度融合，支持企业牵头组建创新联合体，与国内外科研机构、高等院校等共同攻克关键领域核心技术、承接国家级重大专项，合作打造高水平协同创新体系。运用财政、税收等手段，引导企业完善研发管理制度，鼓励具备条件的企业建设一批高水平研发机构，到 2025 年，规模以上工业企业研发机构建有率达 58%，5 亿元产值以上的工业企业实现研发机构全覆盖。

加快创新成果产业化。依托现代产业集聚区和现代主题产业城（园），积极引进高水平科学家和创新团队的创新成果，鼓励企业家与科学家联合开展创新成果转化应用。支持制造业龙头企业、科研机构等设立中试基地，推动科研创新成果进行二次开发实验，提高创新应用能力。对企业自主研发的技术成果产业化进行扶持和培育，加快创新成果转化为现实生产力。鼓励专业化科技成果转化平台建设，支持建设科技成果转移转化中心和院士工作站。将财政扶持与研发机构运营效果挂钩，提高市场化程度，激发科研创新和成果转化活力。引入股权激励、推进科技成果处置权和收益权改革等方式，鼓励科技人员携带科研成果到顺德创新创业。

完善孵化育成体系。培育壮大各类孵化器和众创空间，打造"众创+孵化+加速+中试"创业孵化链条。引导社会资源参与孵化器建设，加强技术共性研发平台建设，提高公共技术、检验检测、资金融通等创新公共服务水平。建立更加包容的青年创新创业保障机制，建设人才和青年友好型城市。发挥"青创之家""创业顺德"等品牌效应，继续开展优秀创业项目评选和创新创业大赛，大力吸引创新创业人才、团队和项目入驻。加强创业管理指导，完善创新创业生态，提高孵化项目成功率。

（二）大力优化创新网络

加强科技交流合作。推动对外开放与科技创新互融互促，把对外开放优势转为自主创新优势，构建开放式创新模式。依托中德工业城市联盟等合作平台，重点面向欧美、港澳台等地区，引进海外创新人才和项目，聚集全球创新研发资源，开展跨国、跨界、全产业链创新合作。吸引跨国公司、境外高校科研院所来顺德设立研发中心或分支机构，打造跨境创新网络。大力支持骨干企业与国外企业开展联合研发，鼓励骨干企业加强与全球跨国公司、国外科研机构合作，组建各种形式的合资、合作研发机构。推动具备条件的企业在全球创新资源密集地区设立研发中心，联合当地研发资源培育创新成果。构建国际科学技术沟通渠道。加快融入全球创新创业浪潮，鼓励研发科技企业全球布局，开展离岸研发、国际协同创新孵化等新型创新活动，支持研发成果在境外应用。

搭建高质量创新载体。争取国家、省、市重大科技平台落户顺德，提高原始创新和核心关键技术攻关能力。支持龙头企业、骨干企业建设高水平工程（技术）研究中心、企业技术研究中心、重点实验室、企业研究院等各类创新机构，鼓励骨干企业与高校合作共建"高校+科技园"模式孵化类创新平台。推动广大科技型中小企业与高校、科研院所联合设立工程中心、联合实验室等。推进现代服务业技术研究中心建设，为制造业与服务业融合发展提供技术支撑。构建面向产业园区、战略性产业集群、科研机构、大中小企业的多层级、梯次化、专业性、高水平科技创新载体，出台利于创新载体发展的政策措施，加快形成分工明确、相互衔接的创新格局。

强化知识产权保护运用。构建完善社会化运营的知识产权公共服务平台，鼓励支持三龙湾高端创新集聚区顺德片区建设知识产权服务集聚区，做强顺德知识产权大厦和中国顺德（家电）知识产权快速维权中心，支持建立海外知识产权创新保护驿站，汇集一批国内外知名的知识产权服务企业，为企业知识产权海外保护提供全球资源对接，优化知识产权创新生态环境，争创国家知识产权强县示范县（区）。探索知识产权证券化，建立知识产权质押融资扶持机制，对高价值核心专利维护提供资助，推动 PCT 国际专利申请量位居全国县区前列。到 2025 年，PCT 国际专利申请量达 750 件以上，万人有效发明专利拥有量达到 55 件以上。

（三）优化"金科产"创新体系

发展完善金融市场和组织体系。鼓励顺德农商行等金融机构创新商业模式和金融产品，打造优势金融品牌。争取在顺德设立民营银行，支持发展村镇银行，加快发展金融租赁、信托公司、消费金融公司等非银行金融机构，更好地服务顺德实体经济。发展货币信贷市场，鼓励银行业利用多种信贷工具对先进制造业、战略性新兴产业等进行信贷投放，扩大科技信贷投放量，鼓励地方金融机构设立科技分支机构开展科技信贷服务。提高科创集团担保额度，着力打造覆盖全区的中小微企业融资担保和再担保体系。鼓励金融机构和大型涉外企业积极参与外汇市场。继续打造以供应链金融为主，绿色金融、财富管理、科技金融、金融科技为辅的五大金融体系。

提升金融服务高新技术企业水平。促进金融链、创新链、产业链深度融合，推动股改上市、企业担保、风险补偿等金融产业全链条高质量发展。构建完善金融服务体系，实施企业上市"金凤凰"计划，争取建设1个产业金融服务平台，培育10家平台型企业，奋力推动上市企业数量翻一番，做大做强资本市场"顺德板块"。充分利用注册制红利、广东省科技创新专板开板契机，积极推动顺德优质高新技术企业登陆科创板、创业板，在新三板、粤股交挂牌。鼓励已上市科技企业通过发行债券、实行并购拓宽融资渠道。设立科技型企业创投基金，支持母基金参投顺德潜力大、成长性好、科技含量高的科技型企业。加大金融资源对科技企业的投放力度，深化"首转贷""金融顾问"服务，优化政策性金融产品白名单制度。

大力推进金融创新。加强引导区内大型金融机构交流合作，探索建立政府引领、国资参股、骨干企业和社会资本共同出资的金融控股平台。加快推进供应链金融发展，支持龙头企业成立供应链金融平台，建立核心企业与上下游企业的供应链金融批量授信模式，加大对周期行业资产配置。创新先进制造业贷款考核奖惩机制。积极设立创新型金融机构，建立健全科技信贷风险补偿机制。创新"信用类科技贷"产品，加快推进金融业数字化创新变革。积极探索人工智能与金融业融合应用，利用区块链技术推动供应链金融与贸易金融发展。

（四）加快建设高水平人才队伍

深化人才集聚体制机制。实施具有全球影响力的人才政策，探索柔性引才体制机制，推出高层次人才岗位，大力引进各领域人才。探索知识产权投资入股，创新人才管理服务机制，支持人才服务社会化、专业化发展。探索建立政府、学校、企业、社会相融合的人才流动"旋转门"机制，有效破除人才流动障碍。完善高层次人才认定机制，建立多维度人才评价标准。实施"919 人才工程"，探索完善人才住房安居服务、高层次人才子女优教服务、公立医院人才"绿色通道"等，在全社会营造尊重人才、爱护人才的良好氛围。

加强中高端人才队伍建设。探索以龙头企业为主体的全球引才机制，创立首席科学家制度，建设海外人才离岸创新创业基地。实施人才奖励计划，大力引进创新创业领军人才，瞄准海内外"高精尖"技术领军人物和科研团队，吸纳更多高层次人才携技术项目来顺德创新创业。围绕智能装备、新材料、生物医药与健康领域关键技术，重点引进国家两院院士、"万人计划"等国家级领军人才、"银龄专家"和科研团队等。加大博士后人才培养力度，支持企事业单位建设博士后工作站，完善资助政策，拓展招收渠道和平台。加大海外引智工作力度，举办海外人才政策推介活动，促进人才引进国际合作。实施校园招聘、就业实践、校企合作培养、人才服务"四位一体"大学生引育工作。

加快技能人才队伍建设。优化产教融合的制造业人才培养体系，加快现代职业教育体系建设，支持制造业骨干龙头企业建设高技能人才培训基地，加强校企合作，推行工学结合，实行"订单式"培训机制，支持顺德职业技术学院建设成为应用大学，依托华为（顺德）数字化转型学院、开源芯片研究院等平台，培养驱动企业数字化转型的专业人才。支持专业机构提供技能提升、再就业培训、职业资格认证等服务。开展各种类型的技能竞赛，传承工匠精神、工匠文化，支持劳动模范、工艺大师、专业工匠等评优评先，营造崇尚劳动、尊重技能、重视高技能人才的社会氛围。

第五章　构筑现代产业体系

围绕"全国智能制造重要基地""广东自主创新示范核心区"的定位，紧抓数字经济发展机遇，构筑现代产业体系。展望 2030 年，顺德将建成具有国际影响力的智慧型产业集群，智能制造辐射华南地区乃至全国，成为广东向制造强省转变的有力支撑，引领广东新工业文明发展。

顺德区坚持将实体经济作为经济发展着力点，深入推进制造业高质量发展，以打造"2+4+4"[①] 先进制造业产业发展新格局为重点，紧抓数字经济发展新机遇，推进实体经济与虚拟经济深度融合，加快数字化、网络化、智能化发展，提升产业基础能力，培育先进制造业集群，加速空间与产业协同布局，打造面向未

[①] "2+4+4"："2"是指两大主导产业，即智能家电产业、高端装备制造产业。第一个"4"是指四大战略性产业，即新一代电子信息产业、智能机器人产业、新材料产业、生物医药与健康产业。第二个"4"是指四大特色产业，即珠宝产业、纺织服装产业、家具产业、五金产业。

来的现代产业体系。

一　大力推动数字经济发展

完善数字经济发展生态。加快制定顺德区数字经济发展规划与实施方案，大力布局建设"5G+工业互联网"。加快制造业与互联网、人工智能等深度融合，谋划打造一批"5G+工业互联网"应用培育园区。建立完善数字经济产业政策体系，推进数字产业化和产业数字化，推动数字经济和实体经济深度融合，支持美云智数、广东赛意等本地工业互联网企业发展壮大，打造具有国际竞争力的数字产业集群，探索打造形成有顺德特色、国内领先的数字经济发展模式和发展机制。刺激培育本地数字生活和数字消费市场，培养数字消费习惯，推广智能化体验式消费。

加快新型数字基础设施建设。2021 年底前全力推动区内 5G 网络全覆盖。推进中心城区建设近 2500 根 5G 智慧灯杆等。扩容升级骨干网和城域网，加强通信管线、通信基站、机房等信息基础设施共建共享，加快构建高效骨干光纤网络。统筹传感设备、无线通信设备等，布局应用在交通、给排水、能源、防灾与安全生产等公共基础设施，加快实现公共服务和管理基础设施数字化、网络化。加强"5G+"共性赋能支撑的广度和深度，打造一批区级"5G+"应用试点。加速数据资源资产化，推进建设共性应用支撑，优化时空信息云平台区级节点，构建城市综合管理一站式"物联网+"服务平台，升级区政务数据资源管理云平台及共享交换体系。

谋划建设数字经济集聚区。聚焦新一代信息技术和制造业融合发展，充分利用"工业设计+制造"等元素，以西安交通大学研究院、华南智能机器人研究院等为载体，加速高校成果本地化，在数字经济产业基础较为坚实的镇（街道）率先建设高标准数字经济集聚区。加快产业集聚区、现代服务业专业园区智能化改造，提升园区企业生产运营、运行管理和公共服务智能化水平。培育数字经济发展软环境，建立支持"5G+工业互联网"发展的政策体系，培育一批数字化转型产业集群，举办数字经济主题活动，优化数字经济发展环境。

推动制造业数字化转型升级。培育3—5家在领域内具有全国影响力的以新一代信息技术为应用、互联网为代表的龙头企业，带动中小企业数字化协同发展，加快传统企业及各行业各领域数字化转型。支持骨干企业加快应用物联网、云计算、大数据等数字技术，推动工业母机等基础工业装备数字化、供应链管理数字化。推动"5G+工业互联网"应用，鼓励中小企业积极"上云上平台",实施软硬一体数字化改造。推动企业平台系统、业务系统、工业设备等向云端迁移,提升运营效率。支持本地工业互联网企业发展壮大,大力支持工业互联网平台商、服务商与制造企业精准对接。加强头部资源对接,支持打造一批"5G+工业互联网"标杆示范项目,在工业互联网应用领域形成核心竞争力。加强工业互联网、物联网、智能传感等技术在家电等产业中的应用,推进家居产品向智慧化转型。

二 全面推进产业升级

实施产业基础再造提升工程。全面梳理产业链发展需求,促进制造业关键基础材料、先进基础工艺、核心基础零部件生产水平全面提升,引进和培育重点产业细分领域关键环节,推动产业基础高级化和产业链现代化。健全完善由区领导负责的重点产业链"链长制",瞄准产业链"链主"企业和核心部件生产企业开展精准招商,着力引进一批与优势产业相关联的强链上下游企业,围绕产业链缺失领域进行补链,促进"链长级""航母级"项目落地,一链一策、持续跟进,全力打造自主可控、安全高效的产业链、供应链。

　　推动主导产业高端化。巩固提升智能家电、高端装备制造两大优势主导产业，打造世界级产业集群。推动主导产业加速从生产加工环节向研发设计、品牌营销、供应链管理等价值链高端环节延伸，增强核心竞争力。支持企业产品研发，提升产业技术含量。推动企业优化营销体系，进一步融入全球化采购系统，打造区域强势品牌群，实现产品高附加值和市场高占有率。鼓励和引导主导产业带动配套核心零部件产业发展，提高核心零部件自配率。

　　促进特色产业高级化。建设一批产业高度集聚、高效协作的特色产业园，发展珠宝、家具、五金、纺织服装四大特色产业。加快建设涵盖产品研发、工业设计、外贸平台、展览交易等价值创造产业生态链，发挥产业集聚效应、带动效应。与知名电商平台深度合作，构建政企联动协作机制，共同建设世界级家具产业集群，加快孵化顺德企业电商销售过亿新品牌，帮助传统企业向数字化营销转型，推进顺德优势特色行业由规模领先向价值领先转型。

　　加快传统产业升级。坚持把制造业高质量发展作为主攻方向，充分利用村级工业园改造释放的空间，发挥行业协会、商会的产业整合与资源配置能力，支持一批具有核心竞争力、发展潜力的上下游企业，建设以配套服务顺德优势产业为主的主题产业园，推动全产业链发展。加快运用数字化改造提升传统产业，促进信息技术向市场、设计、生产等环节渗透，推动生产方式向柔性、智能、精细转变。支持企业瞄准国际同行业标杆推进技术改造，全面提高产品技术、工艺装备、能效环保等水平。支持企业借助村级工业园改造搬迁腾挪契机，优化生产流程，实行精益管理。推动工业设计赋能制造企业，打造新型工业设计园区，构建智造设计生态链，整合全球化设计供应链，推进"设计+供应链"全球合作。

三　培育发展战略性产业集群

大力发展新一代电子信息产业。开展芯片设计、监测、封装业务，加快推动开源芯片项目建设，构建基于 RISC-V 技术的芯片研发、设计、应用和人才培养体系，培育以芯片产业为核心的电子信息生态圈。着力发展电子元器件、电路板、电容器等产业，提升高端电子元器件的制造工艺技术水平和可靠性。大力发展新一代人工智能、新一代信息通信、大数据物联网、云计算和智能终端，抢占 5G 通信战略高点，加快开发端软件服务、物联网、工业互联网、大数据等信息服务业，推动数字经济应用和产业化。

加快发展智能机器人产业。依托博智林机器人项目、美的库卡（顺德）基地等龙头项目和佛山机器人学院等平台，培育若干拥有核心技术的智能机器人产业上下游项目，形成"工业机器人+建筑机器人"双核带动、服务机器人快速发展的格局，加快构建智能机器人全产业生态链。支持一批自主创新能力强、产品市场前景好、产业支撑作用大的优质机器人本体制造和系统集成企业发展壮大。鼓励智能机器人相关企业（机构）加强共性关键技术研究，重点突破制约智能机器人发展的共性关键技术。重点推动智能化改造，实施"互联网+智能制造"提升工程，鼓励企业进行技术改造和机器换人，打造更多世界级"灯塔工厂"和"无人工厂"，培育顺德区工业机器人及智能制造服务基地，推动制造智能化走在全国前列。

大力促进新材料产业发展。积极发挥龙头企业固链强链牵引功能，瞄准先进新型功能结构材料、高性能复合材料等产业，加快推进联塑集团新材料主题产业园等产业基地建设。大力推动传统制造企业转型发展新材料产品，重点发展先进涂层材料、功能性高分子材料、环保涂料。积极发展先进基础材料，提升基础零部件用钢材料、高性能合金材料、防水涂料、新型无机非金属材料、高端工程塑料等。

培育发展生物医药与健康产业。依托暨南大学生物医药产业园、国际创新转化生物产业孵化中心等医疗科研机构和产业载体，推进佛山高等级生物安全实验室（P3 实验室）等项目建设，提升生物医药研发和技术转化服务综合竞争力。加快建设大参林粤中产业中心，促进产业孵化项目加快实现产业化。依托广东华润顺峰药业有限公司、国药集团广东环球制药有限公司等知名企业，加快岭南中药、中药新药、现代新型中药的研发与产业化。推动医疗保健、远程诊疗、诊断试剂、高端医疗器械和装备研发产业化。

四　全面建设现代服务业

积极发展生产性服务业。大力发展研发设计、现代物流、科技信息服务、供应链管理、检验检测等专业服务业，推动现代服务业与先进制造业深度融合。持续做优顺德工业设计品牌，争创"世界设计之都"，大力创建国家级工业设计研究院，积极开展国际设计交流合作，支持举办国际知名设计展览、设计服务贸易、创意文化交流等活动。推进广交会 PDC 设计商贸（顺德）促进中心、中法设计产业（顺德）合作中心等重大平台建设。增强金融集聚和辐射功能，强化和提升金融服务实体经济的作用。深化各类企业电子商务应用，大力发展跨境电子商务。推进电子商务向制造业细分领域渗透，高水平打造垂直电商平台。发展现代物流，建立智慧物流集散中心，鼓励有条件的传统物流企业、商贸流通企业向供应链综合服务企业转型。大力发展法律、检测、会计、审计、信息、知识产权等专业服务行业，构建与产业链紧密衔接、功能完善、协调发展的生产性服务业体系。

高水平打造生活性服务业。科学布局建设城市综合体、特色商业街，打造核心商圈和区域商业中心，提升城市消费竞争力，增强时尚消费便利度和吸附力。强化社区便民商业网点发展，补齐生活服务和公共服务设施，争取打造"10分钟优质生活圈"。支持教育培训产业发展，加速教育培训行业线上布局。推进家政服务业规范化、职业化、品牌化发展，加强家政服务人员技能培训，推动物业服务业社会化、专业化、规范化发展，有效提升人民群众的生活水平。

第六章　加快融入新发展格局

在粤港澳大湾区国家战略带来的区域创新协作、开放发展新红利下，顺德也正以时不我待的紧迫感谋划自身发展。从开辟与港澳合作新机制的探索、深度拓展区域合作、打造广佛全域同城示范、加快融入国际国内双循环等多方面构建开放合作新格局。

一　紧抓"双区驱动"机遇积极参与构建区域协调发展新格局

抢抓建设粤港澳大湾区和深圳市建设中国特色社会主义先行示范区重大机遇，深化与大湾区中心城市全面合作，推动珠江东西岸融合发展，建设佛山顺德粤港澳协同发展合作区，将顺德区打造成为大湾区对外开放合作新前沿和广东省"一核一带一区"高质量发展新高地。

（一）构建与港澳协同发展新格局

建设产业协同创新平台。设立应用型技术跟踪对接和推广平台，推动港澳科创成果与顺德制造业技术改造需求有机融合。加强与港澳技术转移机构、重点实验室等科技创新与成果转化平台合作，推动科研成果在顺德孵化落地，加速实现产业化。携手港澳企业、高校、科研机构等共同打造电子信息技术联合实验室和研发中心，合作开展集成电路研发、设计、检测，提升家电等本地重要产业智能化原始创新能力。以"揭榜挂帅"、众筹众包等方式，鼓励港澳科研机构参与智能制造、芯片、人工智能等关键核心技术联合攻关。主动对接香港"再工业化"需求，推进智能制造共享平台建设。

打造现代服务业协同发展高地。向港澳专业服务业进一步开放市场，加强在产业金融、离岸贸易、工业设计、知识产权保护和运用等领域合作，促进港澳服务业与顺德制造业深度融合。[①] 全面贯彻落实港澳专业人士赴粤港澳大湾区内地城市工作的相关要求，推进具有港澳职业资格的建筑及相关工程服务、会计、医疗、旅游等领域专业人才，按规定便利执业。在技

① 莫璇：《突围大湾区佛山有何底气》，《佛山日报》2021 年 2 月 22 日第 3 版。

术成果应用推广、产品质量标准共建、跨境融资对接、知识产权海外维权等方面，率先探索与港澳规则衔接。借助港澳国际贸易及全球商业网络资源，探索开展粤港澳离岸贸易试点，形成"顺德制造+港澳贸易服务+全球供应链"的市场拓展模式。推动顺德新港申请国家一类口岸，探索开展国际直航，争取纳入亚洲国际家具材料交易中心市场采购贸易方式试点的指定申报口岸。加强江海联运协作，依托国际贸易"单一窗口"开展内外贸同港运作，提升贸易便利化水平。

拓展粤港澳青年共同发展新空间。举办港澳专场创业大赛等活动，积极引入港澳院校、孵化器资源与顺德企业、院校合作共建孵化平台，加速港澳青年创新创业成果在顺德落地转化。与港澳加强"双元制"职业教育合作，开展机电一体化技术、珠宝首饰技术与管理、烹调工艺与营养等专业联合培养和实训交流。与港澳探索建立职教体系、培训学分、职业资格等互认机制，加快与港澳劳动力市场无障碍衔接和融合。实施"青年同心圆"计划，面向港澳青年推出双创基地体验资助计划、实习就业英才计划，定期举办"港澳学子访顺游学""滋味湾区"美食文化比赛等活动，加强交流交往，促进互学互鉴。

构建人文协同发展优质生活圈。鼓励港澳服务提供主体以独资、合资或合作等方式设立医疗和养老机构，支持香港养老服务专业团队到顺德提供养老服务，率先落实粤港澳大湾区有关医疗药品先行先试政策。争取设立口岸进出境免税店、船上免税店。弘扬民族传统文化，共建"世界美食之都"。充分发挥美食、功夫等港澳认同感高、国际影响力大的文化优势，不断推动与港澳人文交流融合，打造粤港澳大湾区宜居、宜业、宜游优质生活圈典范。

（二）积极发挥顺深优势叠加效应

建立与深圳合作新机制。主动学习深圳、拥抱深圳、对接深圳，建立完善对接深圳机制，实现干部队伍、专业技能人才等双向常态化交流锻炼，全力促进两地多领域、深层次开展合作。密切与深圳商业联合会、深圳外商投资企业协会等机构的联系，促进顺深企业对话合作。借鉴深圳在改革创新、全面开放、营商环境、法治建设、文化繁荣、民生保障等方面的先进经验做法，加快推动顺德经济社会全面发展。

深化顺深两地科技和产业合作。积极承接深圳产业外溢，引入深圳创新项目等资源，支持广东智能产业示范基地、科创智汇科技园等产业园区面向深圳招商。高标准规划建设顺深产业城，探索建立顺深产业协同创新平台。积极对接深圳综合性国家科学中心、深港科技创新合作区等重要科技创新平台，推动顺深人才、技术交流与合作。鼓励顺德企业借助深圳创新、贸易等高端资源和国际化环境，向研发设计、品牌销售等价值链高端延伸。

充分利用深圳金融市场。畅通顺德企业对接深圳金融市场通道，支持企业、机构与深圳金融市场开展交流合作，鼓励深圳投融资机构与顺德制造业加强交流合作，推动顺德实体经济发展，鼓励引导更多符合条件的顺德企业在深圳证券交易所上市及融资，以资本力量赋能制造业加速发展，为产业转型升级提供强有力的金融支撑。

开展城市建设管理交流与合作。学习借鉴深圳城市建设先进经验与理念，吸引域外资本参与村级工业园改造和城市更新等项目，探索旧城镇、旧村（社区）改造创新做法。建立健全高质量的空间规划建设指引，推动城市管理精细化、智能化。推动城市规划设计、建设管理行业协会、加强企业交流与合作。

（三）打造广佛全域同城示范

加快推进广佛产业协同发展。积极推动广佛高质量发展融合试验区建设，依托三龙湾高端创新集聚区顺德片区，重点发展高端现代服务业、数字经济和文化创意、智能家电、智能机器人、高端装备制造、环保新材料、生物医药与健康等产业。鼓励企业与广州大学城高校开展产学研合作。延伸南沙自贸试验区开放试点功能，加快推动各类金融机构入驻佛山顺德粤港澳协同发展合作区等重要平台，强化知识产权保护、商事仲裁、财税咨询服务，探索开展自由贸易账户、境外本外币融资、人民币资金池、外汇资金集中运营管理等创新金融服务。

加快建设科技创新网络。支持在三龙湾高端创新集聚区顺德片区率先合作建设技术成果交易和转换中心、重要行业企业联合研发平台，并依托美的全球创新中心、佛山顺德机器人谷等，加快推进智能制造、智能机器人、工业互联网、人工智能等前沿科技领域共性核心技术联合攻关。支持顺德、南沙、番禺三地行业与企业联合开展创新人才招纳，探索与广州大学城、国际创新城、香港科技大学（广州）等重要院校及科研机构共建创新创业孵化育成体系。进一步健全科技要素开放合作体系，提高科技平台利用效率。鼓励支持符合顺德产业定位的先进制造业与生产性服务业行业企业、科技创新要素资源集聚，逐步形成以东部广佛交界区域科创集聚片区为极点，顺德（龙江）数字产业城、顺德红岗科技城为核心支撑平台，联动各镇（街道）头部企业研发中心及广东工业设计城等重要创新载体的全域科技创新网络。

推行社会治理和公共服务体系融合共通。畅通两地群众办事转递渠道，增加"跨城通办"服务事项，持续推进政务信息共享，拓展网上政务服务功能，推动同一事项在广佛同层级不同区域内事项名称、设定依据、审查裁量标准等关键要素相统一。逐步实现"数字城市管理"全域覆盖，加强流动人口、治理联防、综合执法等合作，推动交界区域社区建设和环境建设、文化建设、生态建设、平安建设相结合，构建功能复合、设施完善、职住平衡的 15 分钟同城社区微生活圈。加速融入广佛公共交通服务体系，率先实现"一张网"，积极发展定制公交，与轨道交通形成互补。

强化生态环境协同保护。巩固拓展广佛环境污染联防联治机制，加强执法联动。加大跨界河涌综合整治力度，协同推进两地污水管网连接，推动实现顺德、番禺、南沙交界地区主干河涌全面消除黑臭。统筹推动交界地区河涌岸线整治，实施滨河景观绿化提升工程与生态修复工程。逐步推进农用地非农化使用专项联合整治，推动生态修复与生态文化资源开发协同进行，合作开展生态区可持续发展联合开发规划编制。推进空气污染源头治理与科学防治。强化区域臭氧治理联动，加强科学监测，围绕排放源头进行分类专项联合整治执法，实施臭氧治理精准治污。

（四）深入拓展区域合作

加快推进中江顺协同发展。加强容桂、杏坛、均安等镇（街道）与中山和江门鹤山、新会等地区的交通路网对接，加强互联互通。发挥优势产业的辐射带动作用，深化与中山、江门等珠江西岸城市对接，推动顺德建设珠江西岸先进装备制造产业带高地。深化与中山、江门的区域环境共治合作和应急通报机制，建立水环境检测和整治机制，构建跨界水体综合防治体系。

强化与省内城市深度协作。以产业共建为重点，建立健全合作发展机制。推动顺德与珠海在交通设施互联互通、产业协作互惠互利、人文互动交流。深化佛山顺德与云浮新兴合作共建产业转移工业园，加强与新兴县在教育、医疗等民生领域的交流合作，支持新兴县建设融湾发展先行示范县。主动加强与湛江等沿海经济带城市交流合作。

探索推动与泛珠三角城市合作。推动与高铁经济带沿线城市多领域合作。发挥珠三角地区辐射引领作用，加强与中南、西南地区合作发展，探索与泛珠三角城市开展产业协作、城市建设与管理的互动交流，促进要素自由流动、资源高效配置和市场深度融合，实现合作共赢。

二　立足扩大内需基点加快融入
国内国际双循环新发展格局

坚持以扩大内需为战略基点，推动投资、消费、出口扩容提质，以基础设施、公共服务提档升级为重要支撑，以产品与服务多元化、多层次供给为着力点，形成需求牵引供给、供给创造需求的更高水平动态平衡，加快融入国内国际双循环新发展格局。

（一）积极扩大有效投资

加大基础设施投资。聚焦打基础、惠民生、补短板，支持"两新一重"建设释放有效投资。加强新型基础设施建设，推进5G网络、数据中心、物联网、工业互联网、新能源汽车充电桩等新型基础设施布局建设。加快新型城镇化建设，大力推进城镇老旧小区改造，支持既有住宅加装电梯，加大社区公共设施补短板投资力度，全面推进总投资3000亿的城乡品质提升16项重大项目建设。加强轨道、路网、水运、水利等重大工程建设，提升基础支撑能力。

全力优化投资结构。建立更优质高效的招商政策体系和服务体系，瞄准智能制造、人工智能、大数据云计算、生物技术、新材料等领域，在优先服务好本土企业增资扩产的同时，面向全球大招商、招大商、招好商，精准扩大工业投资。推进顺德（龙江）数字装备园、联塑新材料产业园等百亿级项目建设，以优质大项目带动产业集群发展，形成投资新增长点。加强工业技改奖补力度，引导工业企业开展新技术、新工艺、新设备改造提升。完善多层次商品房供应体系，适当加大保障性安居工程建设力度，推动房地产开发投资平稳健康发展。加强市场监测、调控和监管，防范和化解房地产领域风险。

促进投资活力和提速增效。加大政府和社会投资合作，鼓励引导民间资本有序参与重大基础设施项目、新型基础设施项目、现代主题产业园区建设，综合利用土地、财税、金融政策，推动解决企业投资困难。营造良好投资环境，提振民间投资信心。实施谋划有序、论证细致、审批高效、施工顺畅的政府投资工程建设项目管理"顺德模式2.0"。建立"百大工程项目储备库"，实行重大项目前期工作"一个项目一张图"，落实区政府投资重大项目工程建设方案联合评审分级决策，深化推进招投标"评定分离"改革，强化协调机制和绩效机制，建立行之有效的代建单位激励机制，实现政府投资工程全过程提速。

（二）推进消费提质扩容

促进传统消费提质。促进大宗商品消费，全面落实购买"国六"标准排量汽车、新能源汽车、家电下乡等优惠政策，鼓励企业开展消费电子产品以旧换新。稳定住房消费，在"房住不炒"前提下，合理调整土地供应规模和节奏，培育和发展住房租赁市场。提振餐饮消费，落实粤菜师傅"1+5"系列工程①，持续推动餐饮集聚区建设。丰富文化、旅游、体育消费，增加文旅体产品和服务供给，吸引全球客源。培育夜间经济，建设顺德古城、顺德新城"一河两岸"2个高品质夜间经济集聚区以及 21 个示范点，丰富"夜顺德"内涵，努力打造享誉全国的县域夜间经济品牌城市。优化商圈布局，利用六大轨道站点资源，以国际地标级综合体为标准推动一批 TOD 项目建设。升级以"珠宝+"为代表的时尚消费，发展美丽经济，满足高端消费升级需求。促进服务消费发展，提升高质量康养、托幼、家政等服务的供给能力。

释放新兴消费潜力。推动商圈、公园、特色景点、文体场所加强创意策划，打造消费新场景打卡点。推进"互联网+销售"发展，引导骨干企业、大型超市、商业综合体、餐饮名店通过"社交电商""平台销售+

---

① 粤菜师傅"1+5"系列工程："1"指《佛山市粤菜师傅工程建设实施方案》，"5"指"厨出佛山"粤菜师傅培育工程、"寻味佛山"粤菜美食体验工程、"佛味鲜生"优质粤菜食材建设工程、"佛味秀世界"粤菜粤厨走出去工程、"佛游味劲"文旅餐饮融合发展工程五大重点工程。

直播带货+短视频"等方式开展数字化转型，鼓励顺德家电和家具等优势产品，"顺德鳗鱼""陈村年桔""黑毛节瓜"等农特产品创新发展线上线下融合新模式，举办产地直购直播等主题活动，打造顺德直播基地。拓展信息消费，鼓励扩大可穿戴设备、移动智能终端、智能家居、医疗电子等智能化产品的生产销售。推广非接触型消费，完善无人货柜、电子菜柜、无接触配送站点等社区基础设施，培育在线文娱、在线旅游、"云展览"等线上消费，繁荣"宅消费"和社区生活消费。

优化消费环境。提升市民消费信心，激发多样化、多层次的消费潜力，营造买得放心、用得放心、吃得放心的消费环境。健全消费纠纷调处与社会大调解工作对接机制，继续扩大消费维权服务站网络覆盖面，构筑基层消费维权网。全面推进重要产品信息化追溯体系建设，建立打击假冒伪劣商品长效机制。继续优化提升放心消费示范单位（点）、食品安全示范街（广场）和示范点（店）建设工程，为安全经营、文明诚信经营、服务友好经营提供示范样本。

（三）高水平参与国内国际双循环

打造高质量的"顺德供给"体系。实施质量比对提升工程，引导企业打造具有世界先进水平和国际影响力的拳头产品，推动关键零部件、基础元器件的技术质量指标和重点领域消费品质量达到或接近国际先进水平。将广东质检院顺德基地建设成为具有地方特色的高端公共服务平台，支持基地筹建国家质检中心，促进产学研检深度合作。推进顺德优品认证，持续推进"暖企助企"活动，开展燃气具、家电、家具等产品质量安全"问诊治病"活动，加大技术帮扶力度，推动工业产品质量总体水平实现跃升。到 2025 年新增制造业细分行业龙头企业 60 家以上，新增政府质量奖获奖企业 5 家以上。实施技术标准创新战略，重点围绕优势传统产业，鼓励企业积极参与国际、国家、行业和地方标准的制定与修订。建设品牌强区，支持企业通过驰名商标认定强化保护、加大国际商标注册力度，使"顺德制造"成为产品高端、技术先进、管理卓越和服务优质的品牌象征。

构建高效的现代流通体系。优化物流集散功能，推动布局建设物流集散枢纽，形成"通道+枢纽"多式联运现代物流网络体系。积极推进南沙疏港铁路均安站建设，构筑公铁联运体系。依托顺德新港与广州、深圳共建粤港澳大湾区组合港，建设综合保税区、仓储物流园区，创新构建通关物流平台，构筑辐射粤港澳大湾区的公水联运体系，打造顺德临港经济区。统筹提升内河港口基础设施建设水平，鼓励民营资本参与港口建设。积极发挥国通保税物流中心、亚洲国际家具材料交易中心市场采购贸易方式试点功能作用，打造面向东南亚地区市场的珠三角家电、家具、冷链物流集散枢纽。完善多层次的"物流园区、货运场站、城乡物流配送网点"三级物流配送体系，培育干支衔接型货运枢纽、公共配送中心、末端公共配送站，打造高效的城市配送体系。

积极融入全国大市场。引导企业挖掘需求盲点和新型消费潜力，通过个性化定制、柔性化生产，增强满足市民消费升级需求产品的供给能力。深化招标采购"放管服"改革，实施加强预算管理、规范招标文件、畅通供需渠道等一系列改革措施，探索建立企业供需目录，鼓励本地市场广泛使用顺德优质产品，形成支持本地企业高质量发展的良好市场环境。支持企业拓展国内销售渠道，鼓励外贸企业适销对路的出口产品开拓国内市场，推动出口产品转内销。推动企业利用网上销售、直播带货、场景体验等新业态新模式，以"云推介""云洽谈"等新型贸易渠道对接市场需求，优化"顺德优店"综合性消费平台建设，推动落户顺德的淘宝天猫运营中心强化产业集聚、品牌孵化、策划营销等功能。进一步加强对口帮扶、对口支援及对口合作工作。

大力开拓全球市场。加强与发达经济体合作，推动中德智能制造国际合作示范区建设，深入对接德国高标准生产服务、机器人和智能制造、工业 4.0 等，谋划建设中日产业园，积极引入智能机器人、汽车零部件制造等日本优势企业和技术，扩大对欧洲、日韩、澳新等发达地区出口。加快对外贸易转型升级，强化家电、家具、五金等三大国家级外贸转型升级基地建设，开展市场开拓、品牌建设、标准制定和质量提升等活动。支持企业国际化经营，支持家电、机械装备等优势制造企业开展境外产能合作，提高国际化经营水平。提高利用外资水平，引导外资投向智能制造、芯片、电子信息、新材料等新兴制造业，更好推动引资与引技、引智相结合。

积极参与"一带一路"建设。将"一带一路"作为扩大国际市场的重要方向，鼓励企业研究设计符合"一带一路"沿线国家需求特点的产品，在更多国家建立销售和售后服务网络，将顺德打造成"一带一路"产业链和供应链的重要节点。支持龙头制造业企业参与"一带一路"沿线重点境外经济合作区建设，支持有实力的制造企业在东南亚、中亚、中东欧、非洲等境外地区进行投资布局，建设海外生产基地，扩大当地市场占有率，树立品牌形象，推广中国标准，逐步建成覆盖研发、生产、物流、营销等环节的国内国际双循环体系。

第七章　提升新型城镇化

加强城市空间规划布局，以"强中心"引领品质城市、魅力小城和美丽乡村建设，打造"三环六轨联十镇、四铁十高通广深"的内联外通格局，统筹发展与安全，加快走出城乡融合的新型城镇化的顺德之路。

一　优化提升城市品质加快新型城镇化建设

（一）科学规划城市空间布局，推进全域国土空间格局优化

充分发挥科学规划引领作用，通过编制调整重构国土空间规划，划定生态保护红线、永久基本农田、城镇开发边界三条控制线，推动开发建设向城镇空间集中、乡村振兴向农业空间集中、生态维育向生态空间集中，整体谋划国土空间开发保护格局，促进土地利用效率提升，推动城市高质量发展和高品质生活。

打造"两心·一带·四轴"空间结构。搭建全域空间治理的新框架，促进城镇与产业集聚发展，形成"两心·一带·四轴"高品质发展的空间新格局。将顺德中心城区打造为面向粤港澳大湾区的高品质城市服务中心、广深港产业协作和创新基地、广佛高质量发展融合的重要载体、"世界美食之都"的体验中心。推动三龙湾（陈村—北滘）创新核打造为面向全球的先进制造业创新高地、珠江西岸开放合作标杆。构建湾区开放合作带，拓宽服务大湾区东西两岸产业科学技术创新的发展空间。推动形成广佛江智慧共享轴、潭洲湾国际创新轴、顺德湾品质提升轴、东海湾协同发展轴四条发展轴线。

（二）"强中心"引领高品质现代化城市建设

全面打造高品质"强中心"。以"强中心"为引领，推动各镇（街道）全力建设魅力小城和美丽乡村，形成串珠成链、串链成网的现代化网络型城市。推动"大良—容桂—伦教"中心组团扩容提质，打造高水平中心城区。建设以清晖园片区为文化中心，德胜河"一河两岸"为水轴，顺德红岗科技城、佛山顺德粤港澳协同发展合作区（顺德港组团）、顺深产业城三大平台为翼的"一片两岸三平台"，构建起中心城区产城人文融合发展格局。以"强交通"提升中心城区辐射效应，建设以顺德内环为核心的围合环状网络布局，加快顺德大桥、大良大桥建设，推进五沙大桥扩建与互通工程、广佛间互联轨道、顺德客运港等组合的复合型交通。以"强配套"提升中心城区生活品质，推进德胜体育中心、区科学馆、中心城区5G项目以及区属中学扩容提质、医院新建改建等一批公共服务设施建设。以"强文化"升级中心城区魅力，改造活化历史文化街区，推进清晖园片区改造、顺德未来城岭南原乡开发和顺德工业原点（顺德糖厂）原址活化，推进文化传播中心、祠堂博物馆等一批文化项目建设，推动现代都市城市风貌与历史传统风貌相融共美。

打造城乡融合的魅力小城。推动各镇（街道）以村级工业园改造构筑城乡发展新格局，重构产业升级、科技创新、配套提质、生态修复的空间支撑，打造资源布局恰当、特色鲜明的魅力小城。有序推进大良寻味顺德小镇、龙江智慧家居小镇（佛山家居名镇）等省、市级特色小镇建设，推动小镇的生产、生活、生态空间优化提升。实行城市更新行动，提升城镇市政基础设施和公共服务设施配套水平，加大地下空间的开发力度，形成地上地下一体化开发的新型城镇化发展格局。加强城镇老旧小区改造和社区建设，力争到"十四五"期末基本完成改造2000年底前建成的需改造城镇老旧小区。推动各镇（街道）全面提升城乡形态品质，将岭南文化融入空间布局，以水为脉建设生态廊道和滨水景观带，建设佛山市百里芳华乡村振兴示范带精华段，盘活空闲土地实行微改造，打造10000个"四小园"①、1000个街心公园，城乡共筑"多层次、成网络、功能复合"的生态格局。

推动美丽乡村建设。以魅力小城带动乡村建设，打造与高品质城市相匹配的美丽后花园。结合现代主题产业城（园）建设，建立城乡差异化管控导向，统筹安排农田保护、城镇建设、村落分布等空间布局，建立"城乡统筹、四生优化、特色明确、工农一体"的美丽乡村空间蓝图。以乡村资源特色为基底，推进乡村和水乡空间协调发展，打造"古韵水乡""宗祠水乡""龙舟水乡""花海水乡""桑围水乡""鱼乐水乡"等一批具有"原乡情怀、岭南韵味、国际品质"的岭南特色乡村风情区。实施厕所革命工程、美丽田园工程、治水工程、千亩万亩公园工程、生态廊道工程、美丽乡村示范工程六大工程，全面提升乡村人居环境，建设新时代生态宜居美丽乡村。重点打造黄龙、仙涌、龙眼、逢简、右滩、左滩等乡村振兴标杆村，带动第一批生态宜居美丽乡村示范片协同发力，形成美丽乡村第一方阵。到2023年，80%以上乡村达到

---

① "四小园"：包括小菜园、小果园、小花园、小公园。

美丽宜居村标准，30%以上达到特色精品村标准，到2025年，全域建成高质量生态宜居的美丽乡村。

二　建设高水平立体交通体系

（一）建设内外快速通达路网

构建密度适中、高效畅通的高速通道网络，实现与周边城市的快速通达，规划建设中山东部外环高速北延段、佛山一环南段东延线（三乐路复合通道）、横五路东延汉溪大道，开展佛中高速前期研究工作，将南沙至新干线机场高速、广明高速城区段作为远期预留线路。结合"强中心"和一体化发展战略，加快内、中、外环等快速环线及放射线建设，优先建设改造对产业集聚区域支撑力度大的干线道路。加快镇（街道）、村居道路升级改造，打通断头路与拥堵节点，畅通微循环，实现各镇（街道）快速联通。

（二）持续完善轨道交通线路

加快对接珠三角地区轨道骨架线路，推进"四铁""六轨"规划建设，全面融入粤港澳大湾区"一小时交通圈"。重点加快在建轨道建设，推进与广州轨道网络全面对接，规划引入广州地铁26号线、32号线等5条线路。将顺德站、顺德学院站、龙江站、东平站打造为综合交通枢纽。谋划推进低运量轨道规划研究。

大力推进海空枢纽网络建设。加强与深圳、广州港口合作，加快顺德新港二期开发，以顺德新港与深圳蛇口港组合港项目为突破口，构筑公水联运体系，打造服务粤西及西江流域的枢纽港口。整合利用港口资源，丰富港口客运航线，完善港口集疏运体系，支持顺德客运港探索研究增开至香港机场航线。完善与广州白云机场、深圳宝安机场、珠三角新干线机场（规划）等航空枢纽的交通衔接体系。

积极布局绿色交通系统。构建绿色出行为主导的城市慢行交通体系。以常规交通为主体，提升常规公交水平，优化公交线网，加快公交场站布局，科学设置公交专用道，建设公交都市示范城市。完善轨道交通沿线重点发展枢纽的公交接驳。打造"休闲+通勤"以人为本的高品质慢行交通系统，加快城市民生交通设施建设，逐步将河堤改造为慢行步道，打通便捷出行"最后一公里"，引导绿色出行。研究、规划建设自行车道微循环系统，规范发展共享单车、电动车。

加强交通系统化现代化管理。完善交通基础设施管理体制机制，推进规划、设计、建设与管理一体化，着力治理城市交通拥堵，完善无障碍出行服务体系。研究公路、城市道路等个别道路功能有序合理转移，打通交通"梗阻"。优化城市智能停车系统，以路外建筑配建停车场供应为主，完善停车管理政策。全力提升交通智能、平安、绿色、共享发展水平，加快推动智能交通检测、信号控制、视频监控等技术应用，打造智能互联、高效便利的智能交通管理体系。推动安全法治能力和市场化制度建设，加强交通运输安全管理。推进 TOD 综合开发，加强枢纽站点与城市衔接，推动站城融合发展。

三　打造大湾区最安全城市

（一）加强安全体系和能力建设

全面贯彻总体国家安全观，坚决维护国家政治安全。以维护政治安全为根本，进一步强化防控机制，严密防范和严厉打击敌对势力渗透、破坏、颠覆、分裂活动。开展国防教育，支持国防教育基础设施建设。提升国防动员能力，推进国家安全宣传教育常态化。严格落实意识形态工作责任制，坚决防止个别风险演化为综合风险、局部风险演化为系统风险、一般风险演化为政治风险。建立健全网络安全态势感知、监测预警、应急处置体系，加强网络舆情引导，筑牢网络意识形态"护城河"。强化个人信息保护和数据安全管理。

（二）提高粮食和能源安全保障水平

加强粮食储备安全管理，优化储备品种结构。加大粮食应急供应网点覆盖面，提升粮食企业应急加工能力。推进粮库智能化升级改造，实现"数据通""视频通"全覆盖。继续推进顺德粮食产业园二期项目建设，探索建设粮食专用码头。强化规划引领，构建现代化智能、环保、可靠、高效的综合电网，加强输电网与高压配电网、高压配电网与中低压配电网的衔接，推进致远、乐顺等14项220千伏输变电工程建设落地，推进陈夏、承德等23项110千伏输变电工程建设。加大清洁能源普及力度，推进天然气管网建设，提高气源供应的可靠性和稳定性。

（三）保障公共安全

建立公共安全隐患排查和安全预防控制体系，健全公共卫生防疫和重大传染病防控、安全生产、食品安全、自然灾害防治、消防、风险隐患排查、供水安全、网络安全等保障体系。强化应急处置与应急响应机制建设，完善重大疫情防控体制机制和应急物资保障体系建设，加快新建综合应急物资储备仓库，建立规模适度的区镇分级储备体系。全面落实安全生产责任制，保障职工职业健康，加大隐患排查整治力度，遏制重特大安全事故发生。强化食品药品安全监管，落实食品药品生产经营者主体责任，完善食品安全追溯体系，对标国际标准制定食品安全地方标准。提升突发气象灾害防御能力，打造覆盖全区的灾害性天气监测预报预警服务体系。加强森林防灭火基础设施建设，提升防灾减灾救灾能力，强化自然灾害、事故灾难、社会安全事件等预警信息发布。加强消防救援力量与城乡公共消防基础设施建设，提升消防科技与信息化保障水平。构建智慧化应急管理体制和应急响应机制，完善联防联控工作机制，提升城市安全承载能力。

（四）维护社会稳定和安全

提高风险识别和矛盾化解能力，按照尊重历史、实事求是的原则，在发展中依法依规解决历史遗留问题，做好新时代群众工作。对矛盾多发领域开展专项排查，减少矛盾风险源，优化应急预案和工作指引。健全非诉讼纠纷解决机制，畅通和规范群众诉求表达、利益协调、权益保障通道。完善信访制度，推进区镇两级信访服务中心基础设施建设，加快信访信息化智能化建设。健全社会矛盾纠纷排查和危机干预机制，完善社会纠纷全链条多元化解工作机制。加强社会治安防控体系建设，深入推进"五张网"① 建设。严厉打击人民群众反映强烈的突出犯罪与新型犯罪，持续

---

① "五张网"：社会面防控网、重点行业防控网、镇（街道）和村（社区）防控网、机关和企事业单位防控网、信息网络安全防控网。

深入开展扫黑除恶专项斗争工作，实行禁毒事业发展计划。滚动开展社会治安重点地区和突出问题排查，提升见警率和管事率，系统构建打防管控建并举长效机制，继续开展"平安细胞"工程创建活动。

（五）建设安全韧性城市

加强供水供气、排水排涝、水利防洪、人防消防、通信、网络、地下综合管廊、海绵城市、城市无障碍设施等基础设施建设，提升城市承载能力和发展韧性。强化新型数字城市建设。加强公共设施物联网部署，建成全面城市感知网络体系。充分利用现有的地理信息数据和政府数据，建设城市信息模型，构建数字孪生城市。加快构建普惠公平、便捷高效、场景式、无缝隙的数字政府体系，建设智慧政务、教育、医疗等公共服务体系，打造顺德智慧化社会治理体系，建设智慧城管、智慧安全等应用体系。以"绣花功夫"做好顺德城乡精细化的管理，在公共空间秩序、环卫绿化、市容秩序、垃圾分类、扬尘治理、户外广告管理、物业管理、犬类管理等方面开展精细化整治行动，提升主干道路、公路桥梁桥下空间、闲置地和待建地等城市重要部位的管理标准，持续优化城市功能。

第八章　高水平推进乡村振兴

坚持党建引领，坚持乡村全面发展、融合发展及创新发展，按照建设顺德高质量发展体制机制改革创新实验区以及打造新时代广东贯彻落实新发展理念实验区的要求，强化乡村建设中党的核心领导力，着力打造现代农业产业体系及现代农村基层治理体系，打造生态宜居美丽乡村，全力挺进农改"深水区"，通过组织振兴全面带动乡村振兴，推动农业农村高质量发展，促进农业高质高效、乡村宜居宜业、农民富裕富足，力争3年取得重大进展、5年见到显著成效，积极争创广东省全面乡村振兴创新实验区，在全省乃至全国率先基本实现农业农村现代化建设，为全省提供农业农村发展提供"顺德样板""顺德示范"。

一　实施乡村振兴战略推进农业农村现代化

紧抓村级工业园改造契机，全面实施乡村振兴战略，坚持农业现代化与农村现代化一体设计、一体推进。通过组织振兴、产业振兴、文化振兴、生态振兴全面带动乡村振兴，促进农业高质高效、乡村宜居宜业、农民富裕富足，积极争创广东省全面乡村振兴创新实验区。

（一）完善农村基层管理体制，强化党建对基层治理的统领作用

建立健全农村基层"党领导一切"工作机制，全面落实村（社区）重要事权清单管理，强化基层党组织对农村工作的全面领导。深入开展新时代农民教育，持续开展"大巴党校"专题培训，引导农民自觉听党话、感党恩、跟党走。深化提升黄龙书院建设，优化镇（街道）党校、党群服务中心等阵地建设，打造有高度、有温度的"红色家园"。

（二）深入推进"党建+人才"融合服务模式

加强农村干部"选育管用储"全链条管理。推进

"头雁领导力"① 工程，对村居党组织书记实行"村推镇选区考察"。加强现代主题产业城（园）党建，推动党建和园区建设同步谋划，建立一批园区党组织、党群服务中心，发挥党建优势服务入园企业和人才。

（三）实施"党建引领社会治理创新工程"

充分发挥村民主观能动性，动员群众开展"微更新、微治理、微干预"等家门口微公益行动，提升村（社区）自我教育、自我管理、自我服务、自我监督能力。推动农村党员户挂牌，建立党员户联系服务群众机制，打造"中心+网格化+信息化"体系，通过网格把党员组织起来、把人才凝聚起来、把群众动员起来。打造有高度、有力度、有温度的顺德基层党建和新时代顺德"枫桥模式"。

（四）完善村民议事协商制度

不断完善议事协商机制，搭建议事云平台，科学确立协商议题，激发调动农民群众，特别是乡贤的积极性、主动性、创造性，提升协商民主成效。积极引导企业资源对接，围绕技术支持、经费支持、针对性项目支持和人力支持等创新结对模式，将村企结对制

---

① "头雁领导力"：按照省委、市委加强党的基层组织建设三年行动计划要求，选优配强基层党组织带头人，锻造政治过硬、本领高强的农村"头雁"队伍，实现高质量党建推动高质量发展。

度化、常态化。创新社会资本参与机制，进一步理清乡村振兴促进平台各组成部分职能和权责，创新运行机制，积极探索"众筹"建设模式，形成共商、共建、共管、共享的社会资本参与模式。

二　促进农业高质高效

（一）提升农业现代化水平

全面推动数字化农业建设，加大农业生产技术改造扶持力度，提升智慧农业、设施农业的比重，运用5G 等技术打通信息对接渠道，实现农业生产、管理、运输、储存、营销及产品质量追溯的全产业链数字化改造。加强与科研院所技术开发合作，推动先进农业技术成果应用转化及产业化。培育发展农民专业合作社，充分发挥其服务农业、推广农业技术等功能。实施农业设施化工程，大力推进机械化自动化栽培技术及现代渔业装备技术，开展信息化检测试点。率先开展 5000 亩鱼塘标准化改造试点，到 2025 年完成 6 万亩养殖池塘标准化改造。推广鱼塘尾水净化处理的生态养殖新模式，探索氢水在水产养殖方面试点应用，争取 2022 年成功创建国家级水产健康养殖示范县。

（二）推动农业规模化、品牌化发展

推动总部经济集聚区建设，培育和认定一批农业

总部企业、1—2个农业总部经济产业园区，打造华南地区农业总部基地和农业国际化交流中心。打造"两个国字号+多个省字号"现代农业产业园区，力争将优质草鲩省级现代农业产业园创建成为国家级现代农业产业园，打造杏坛生鱼、勒流加州鲈等多个省级现代农业产业园，提升"顺德鱼"区域品牌形象。创建陈村和北滘为核心的国家级花卉现代农业产业园，建设粤港澳大湾区花卉交易中心，做强花卉绿植国际化交易，逐步形成集花卉总部经济集聚区、技术创新研发中心、跨境交易中心、会展中心于一体的粤港澳大湾区花卉现代农业产业园区。全面推进规模化、标准化生猪养殖场改造，实现保供减量增产，打造畜牧区域品牌。规划建设大型农产品交易市场。充分发挥"顺德鳗鱼""顺德国兰"等地理标志的品牌效应，完善农产品营销体系，形成集体商标—团体标准—集体营销的顺德农业品牌推广模式。

（三）推动产业融合发展

鼓励规模化特色农业向深加工二产、休闲农业三产发展，打造现代农业和食品加工产业集群，形成多业态打造、多主体参与、多要素发力、多模式推进的农村产业融合发展体系。鼓励围绕烤鳗、顺德糕点、双皮奶等发展食品加工业，通过"互联网+"结合乡村游等打造"顺德手信"品牌。促进农旅融合，围绕文化古村、美丽乡村，创新乡村生活旅居游和乡土民俗风情游，围绕花卉、水产等特色农业，策划"花卉观光、鱼乐体验"等旅游产品，支持发展精品民宿、乡村民宿和自驾驿站，充分利用空置民居建筑改造为乡村民宿，打造水乡村落慢生活区。创新农业农村投融资平台和产品，为实施乡村振兴提供有力的金融支撑。

（四）保障农产品质量安全

实施质量兴农工程，持续推进绿色养殖和种业发展，形成农业绿色发展典型模式，向国家农业绿色发展先行区迈进。全面实施"菜篮子"工程，打造省级、市级"菜篮子"基地。强化信息化监管手段，推动区块链、物联网、无线射频识别等技术在农产品质量安全追溯应用，加强农产品质量安全监管体系建设，建立农产品质量安全风险监管平台，到2025年实现食用农产品合格证农业企业100%全覆盖。

三　全面提升农村人居环境

（一）完善人居环境整治机制

实施以项目制拓展农村改革实验任务，开展农村人居环境整治机制实验项目，创新清洁保洁、建筑材料堆放和环境整治奖惩三大机制。倡导"自己的家园自己建"理念，将人居环境整治"拆、建、管"内容纳入村规民约，实施"乡村洁净细胞工程"，探索试点实行"路长制""巷长制"，设立人居环境"红黑榜"，建立人居环境整治长效机制。建立完善农房管控和农村风貌提升体制机制，探索建立规划动态调整机制，加强农房设计和改造建设的技术指导，引导农民自觉参与农村风貌管控。探索农房外立面整治及标准化建设资金扶持机制，试点改造住房围墙、文化楼、公厕等外立面整治，全面凸显村庄及岭南水乡特色。

（二）实施乡村建设行动

实施乡村"五大美丽"[①] 行动，持续推进农村人居环境整治提升。改造提升乡村生活垃圾收集设施设备，实现村庄保洁覆盖面和垃圾治理率达 100%。实施村庄微改造，开展农村"厕所革命"，完成新建或改造提升乡村公厕 500 个。加快污水管网建设，实现行政村（社区）生活污水处理设施全覆盖。全面实施截污管网、雨污分流、河涌清淤、沿岸景观改造等工程，彻底清理直排入河涌的排污口。统筹推进弱电线路整

---

① "五大美丽"：美丽家园、美丽园区、美丽田园、美丽河湖、美丽廊道。

治，集中力量解决"蜘蛛网"问题。开展"农棚"革命，全面整治乱搭乱建的田间农棚、高速公路沿线农田，有效遏制农地非农化乱象。率先全面完成农业管理看护房治理改造任务，建设10个以上集生产、加工、休闲、观光为一体的农业公园。以"千里碧道"建设为抓手，广泛开展"五清"① 专项工作。打造乡村振兴示范项目，到2025年，创建20个村改乡村振兴融合发展示范村，2个超20平方千米村改乡村振兴融合发展示范区。

四　焕发乡风文明新气象

（一）完善乡村公共文化服务体系建设

完善乡村文化服务中心、新时代文明实践中心等载体建设，鼓励农村旧祠堂、旧学校改造成公共文化场馆，推动民营文化场馆免费开放，完善15分钟公共文化服务圈。在新领域、新业态、新阶层、新群体等女性集中的"四新"领域广泛建设妇女之家、妇女微家等。推进各镇（街道）按照标准建设工会"三个一

---

① "五清"：包括清污（清理非法排污口）、清漂（清理水面漂浮物）、清淤（清理底泥污染物）、清障（清理河湖障碍物）、清违（清理涉河湖违法建筑）。

批"示范点。① 以联合共建的方式，推动"青年之家"建设向乡村基层覆盖延伸。实施新型职业农民培育工程，加快构建"政府主导+专门机构+多方资源+市场主体"的农民教育培训体系。重点打造 10 个新型职业农民培训教育示范基地。实施公共数字文化工程，积极发挥新媒体作用，让乡村居民能够便捷获取优质数字文化资源。

（二）营造乡村文化氛围

深入挖掘村庄文化遗产，进行古建、古桥、古树、古水道等"四古"的保育和活化。做好"耕读传家""成人礼"优秀传统文化的传承与现代诠释。② 开展群众文化活动品牌培育工程，推动文化艺术公益夏令营、广场舞大赛、全民综艺大舞台等活动品牌做大做强。注重保护和发展乡村优秀传统文化，推动民间传统工艺的保护和传承，复兴乡村民俗节庆风俗活动。加大村志、村史等地域文化建设，开展村史记忆工程，留存乡村文化之根。继续建设村（社区）核心价值观主题公园（广场）、农村公民道德讲堂，完善村规民约，引导群众增强公民道德素养，提升乡风文明创建成效。

---

① 建设一批社区（村、工业园区、行业）工会联合会，建设一批会、站、家一体化的职工之家，建设一批社会化工会工作者队伍。

② 苏盈盈：《意识形态、民俗文化与公共空间的建构——探索新时代文明实践中心建设的"顺德路径"》，《公关世界》2021 年第 22 期。

第九章　持续增进民生福祉

保障和改善民生是社会稳定的压舱石，也是"十四五"时期经济和社会高质量发展的根本目的。顺德区以改善人民生活品质、提高社会建设水平为目标，持续推动教育、医疗和社会保险等与人民生活息息相关领域的机制改革，健全基本公共服务体系，不断增进社会民生福祉，扎实推动共同富裕，不断增强人民群众的获得感、幸福感、安全感。

一　建设高质量教育体系

教育是国之大计、党之大计，是民族振兴、社会进步的重要基石。教育现代化离不开高质量的教育体系，顺德区聚焦基础教育、高等教育改革，从人才培养、机制建设多方面着手，稳步提升教育供给质量。

（一）提升基础教育优质均衡水平

全面推进落实顺德教育六大行动计划。促进学前教育普惠发展，加大对学前教育财政投入比重，增加学前公办普惠学位供给。推动义务教育优质均衡发展，积极探索各学段间学校衔接与贯通，争创全国首批义务教育优质均衡发展区，形成既有"高原"又有"高峰"的办学格局。落实未来三年学位扩容计划，增加优质学位供给，逐年提高义务教育阶段生均公用经费标准。发挥优质教育资源辐射作用与造血功能，落实18所品牌学校创建工作，培育2—3所在全市领先的初中品牌学校。促进高中教育多元优质发展，实施课程、教学、评价一体化改革，增强普通高中特色课程体系建设力度，建立"分科选学、分层走班"的课程教学管理模式。优化特殊学校就读、随班就读、送教上门相结合的特殊教育服务体系。强化职业教育内涵建设，提升职业教育水平，充分调动社会资源深度参与职业教育，探索具有"顺德特色"的混合所有制办学模式，努力实现"育人链"与"产业链"无缝对接。大力推动高水平职业技术大学建设，构建中高本研技术技能人才培养体系。深化职普融通、产教融合、校企合作，促进产教融合。

（二）开创高等教育发展新局面

创新高等教育合作办学机制，争取引入高水平理工科大学落地，打造高水平学科点和特色学科群，促进学科专业交叉融合。支持北京科技大学顺德研究生院发展，推动东北大学佛山研究生院建设，强化研究生联合培养对企业研发和人才培养的带动作用。推动南方医科大学顺德校区面向顺德产业需要开展全学段办学，进一步提升校区人才培养、科研等综合职能。支持顺德职业技术学院建设中国特色高水平高职院校，实施新一轮高水平高职学校和专业建设"双高计划"，支持顺德职业技术学院开展本科职业教育、顺德厨师学院建设，与应用型大学合作试点专业硕士人才培养。

（三）全面加强教师队伍建设

健全教育人才引进管理机制，加大高学历、高职称青年英才引进力度，争取到 2025 年全区高层次教育人才占比达 20%—25%。深入推进"青蓝工程""骨干教师工程""名师工程""教育家孵化工程"，优化教师职业发展通道。实施职业院校教师素质提升计划，建立健全职业院校自主聘任兼职教师的办法，优化"双师型"教师队伍结构。探索教育系统编制统筹管理新机制，实施中小学职称制度和教师聘任制改革，实行教师非教育教学工作负担"清单制",完善教师考评体系和退出机制。充实顺德教育基金,加大对有实绩、创标杆教育活动的奖励。

(四) 深化教育治理机制改革

推进区、镇(街道)教育协同发展,优化"一级规划、两级办学"的区域教育治理格局。完善政府投入为主、社会多渠道支持的教育投入长效机制,构建公办教育为主体的高质量、有活力、可选择的"高质量教育"体系,支持社会资本参与教育事业,引导民办教育优质特色发展,满足多样化、多层次的就读需求。健全"集团化办学、学区化管理"体制机制,推进办学体制与运行机制创新,全面深化管理服务、课程建设、师资流动、资源配置和品牌建设等改革,把顺德一中教育集团打造为省级优质教育集团,推进李兆基中学教育集团建设。完善学校章程建设,支持社会和家庭参与管理,强化外部监督机制。坚持以学生发展为本,完善多元评价标准体系,加强心理健康教育,实行素质和学业教育并重,让学生享受学习、健康成长。推动多方参与共促青少年校外教育、终身教育、家庭教育、社区教育、粤港澳大湾区教育协作全面发展。

二　推进"健康顺德"建设

人民健康是民族昌盛和国家富强的重要标志，党的第十九次全国代表大会上提出"健康中国"战略，标志着"十四五"时期医疗卫生事业将从"以疾病为中心"到"以健康为中心"的转变。为满足人民群众不断增长的健康需求，顺德区从大健康、大卫生、大医学的高度出发，突出强调以人的健康为中心，采取综合性的政策举措，打造健康顺德，全面提升人群健康素质。初步形成与建设卫生强区功能定位相匹配的，满足人民群众医疗卫生服务需求和人口发展质量要求的、有保障的、现代化的、高质量的卫生健康服务体系。推动国际医疗交流合作，提升医疗服务国际化水平，构建珠江西岸医疗卫生高地，让市民在家门口就能享受到湾区品质医疗服务，为顺德建设广东省高质量体制机制改革创新实验区、新时代广东省贯彻落实新发展理念实验区奠定坚实的健康基础。具体做法包括：

（一）优化医疗服务体系

综合考虑人口结构、人口密度、产业分布等因素，合理布局各级医疗资源，打造区级医疗中心—区域医

疗中心—社区卫生服务中心的分级诊疗服务链，优化
15 分钟医疗圈建设。扩大优质医疗卫生资源供给，深
化南方医科大学顺德医院"登峰计划"项目建设，加
快推进广州中医药大学顺德医院、广东医科大学顺德
妇女儿童医院新院区建设。建设和祐国际医院等一批
现代化高水平医院，鼓励社会力量发展高水平医疗机
构。推动建设专科医院，鼓励二级医院发展特色专科，
推动医疗资源优势互补。推进妇幼保健机构规范化、
网格化建设，建立健全区、镇（街道）精神病防治
网。创新医疗服务供给模式，对接广州等地高水平医
院资源，在"政校合作"的基础上推动"院院合作"
公办医院新医改模式，继续推进医疗联合体建设，促
进优质医疗资源共享。加强专业公共卫生机构与医院
的合作，推进医防结合。加快构建健康社区，落实基
本公共卫生服务，完善网格化的家庭医生制度，大力
推行家庭医生式签约服务。

（二）强化公共卫生应急体系

建设统一高效的公共卫生应急指挥体系，加强突
发事件医疗卫生救援基础设施建设，推进区公共卫生
服务中心配建项目，推动区疾病预防控制中心、中心
血站、120 医疗急救指挥中心等业务功能整合，以区
疾病预防控制中心为主导，建设顺德公共卫生应急指

挥中心，建设疫情监测信息平台及顺德公共卫生应急指挥系统，完善重大疫情防控救治体系。建设灵敏可靠的公共卫生监测预警体系，健全新发突发传染病、食源性疾病、不明原因疾病、职业卫生监测制度，构建传染病动态监测系统，提升预警能力。建设平战结合的应急医疗救治体系，建设由区级诊治中心—镇（街道）医院—社区卫生服务中心等其他医疗机构构成的应急救治体系，推行传染病中西医结合诊疗方案。加强公共卫生防疫和重大传染病防控，提高现行应急机制响应速度和运行效率。加快动物防疫基础设施建设。

（三）优化中医药服务体系

提升中医医疗服务能力和技术水平，弘扬中医药文化，推动中医药事业健康发展。进一步提升以广州中医药大学顺德医院中医医疗中心为龙头，各级综合医院、妇幼保健医院中医科室为骨干，社区卫生服务中心为基础，融预防保健、疾病治疗和康复于一体的中医药服务体系。深化与广州中医药大学合作，依托广州中医药大学顺德医院等，加强国家级、省级、市级重点专科建设，打造中医药人才教育实践基地。提升基层机构中医药服务能力，确保公立二级及以上综合医院和社区卫生服务中心100%设置中医科，全部社区卫生服务站提供中医药服务。

（四）开展健康促进行动

实施"将健康融入所有政策"策略。强化健康科普宣教，引导居民科学健身、合理膳食，健全中小学校、医疗机构、企业等重点单位健康教育制度，加强心理健康服务和社会心理服务体系建设，强化慢性病防控和职业病防治，全面提升人群健康素质。推动全民健身事业发展，让运动成为潮流。完善全民健身公共服务体系，建立社会体育指导员服务体系，推进城市碧道、健身步道、体育公园、体育场所等基础设施建设，加大力度在社区、公园等配建健身设施器材，加强10分钟锻炼圈覆盖。丰富市民健身活动赛事，举办龙舟大赛、篮球赛、广场舞大赛、全民综艺大舞台等群众喜闻乐见的活动。深入开展爱国卫生运动，加强公共卫生基础设施建设，推进基层爱国卫生网格化管理，实现国家卫生镇和省卫生村、市健康村全覆盖。

三　强化民生保障

顺德区持续加强民生保障制度建设，深化各项制度改革，以"六稳""六保"工作为切入点，把民生保障放在首位，从提升基本公共服务均等化质量、建设高质量教育体系、健全多层次社会保障体系、实现更充分的高质量就业等多方面着手，完成"十四五"民生保障的发展目标。

（一）促进更充分更高质量就业

发挥政府公共投资、重大平台和项目、各类产业园区对就业拉动作用，提升民营经济就业容量，加强对村级工业园改造或实施重组的企业职工稳岗、转岗服务。推动重点群体就业，做好高校毕业生、退役军人、农民工、城镇困难人员等重点群体就业工作，对毕业两年内离校未就业高校毕业生有针对性地开展帮扶服务。进一步推进实名制就业服务，精准推送各类补贴政策、职业培训和职业推荐服务。到 2025 年，实现新增就业超过 10 万人，城镇失业人员再就业达 4 万人以上。促进创业带动就业，加快创业载体建设，鼓励高校毕业生到创业孵化基地、众创空间、科技孵化器创新创业，落实场租补贴、创业融资、参展参赛等政策和服务支持，提升公共就业服务机构的创业服务水平。积极开展职业技能培训，推动"粤菜师傅""广东技工"和"南粤家政"三项纵深工程，加强就业见习基地建设。健全劳动关系协调机制，推动构建和谐劳动关系，充分调动和激发广大劳动者积极性，稳步提高居民收入。

（二）完善社会保障体系

建立完善覆盖城乡居民的多层次社会保障体系，落实社保待遇调整机制，完善重大疫情医疗救治费用保障机制。全面建成以基本医疗保险为主体，医疗救助为托底，补充医疗保险、商业健康保险、慈善捐赠、医疗互助共同发展的医疗保障制度体系。推进企业职工基本养老保险省级统筹，落实养老保险转移接续政策，正常调整与经济社会发展水平相适应的完全被征土地农村居民基本养老保障制度老年生活津贴标准。落实失业保险保障范围应发尽发、应保尽保，推进扩大失业保险基金支出范围。到2025年，企业职工养老保险参保人数超过110万，失业保险参保人数超过103万。完善落实工伤保险制度，提升工伤认定依法行政能力，加强劳动能力鉴定工作队伍建设，稳步推开工伤预防工作。完善社会保障管理服务体系，继续推进社保业务下沉工作，简化社保经办业务流程，加大数据开发力度，通过标准化、信息化建设，提升服务质量和效率。加强社保基金监管，确保社保基金安全。

（三）健全社会福利服务体系

完善社会救助体系，加强困难群众基本生活保障和流浪乞讨救助管理，强化社会救助兜底保障，提高

"低保"救助水平及"五保户"供养水平。健全社会救助协调机制，强化各项救助制度衔接，整合政策资源，实现部门信息互联互通。完善政府购买服务机制，加强基层社会救助经办能力建设。落实社会救助和保障标准与物价上涨挂钩联动机制，提升社会救助整体水平。壮大慈善公益事业，加强基层慈善队伍建设，广泛动员社会、企业、慈善机构、社会组织力量参与慈善救助和服务，塑造慈善行业新生态。推进双拥共建工作，做好退役军人移交安置与就业创业工作。

（四）优化养老服务体系

加强健康养老服务体系建设，完善老年医疗资源布局。以镇（街道）医院为依托发展老年医学。加快养老服务设施建设，统筹社区养老布点，完善社区养老服务规范。推动公办养老机构提质增效，支持社会资本举办民办养老机构。完善居家养老服务补贴制度，推进居家养老服务市场化。探索"医养结合"新模式，推进南方医科大学顺德医院旧址改造成医疗、养老、残疾人托养等医养综合服务标杆项目，引导养老机构内设护理院、医务室，鼓励基层医疗卫生机构设置养老床位。加强养老服务业人才队伍建设，推动老龄事业发展。探索试点长期护理保险制度。

(五) 保障妇女、未成年人、残疾人基本权益

全面贯彻男女平等基本国策，推进中小学性别平等教育。保障妇女平等就学、就业、婚姻家庭财产、参与社会事务等权利和机会，保障农村妇女土地权益和集体经济组织成员待遇。预防和制止家庭暴力，提高广大妇女和未成年人的法律意识和维权能力。推进新时代家庭建设，充分发挥家庭家教家风在基层社会治理中的重要作用，推动建立覆盖城乡的家庭教育指导服务中心、服务点。加强母婴设施建设，完善区、镇（街道）两级重症孕产妇救治体系，有效降低传染性疾病的母婴传播，促进3岁以下婴幼儿照护服务发展，鼓励社会力量兴办婴幼儿照护服务机构，鼓励有条件的幼儿园开设托班，招收2—3岁的婴幼儿。保障儿童生存、发展、受保护和参与权利，关爱儿童健康成长，提升儿童食品用品质量安全水平，保障儿童身心健康，加强未成年人网络保护。支持建设公益性的儿童教育、科技、文体等活动场所，创建儿童青少年参与社会实践的创新平台和环境。支持残疾人事业发展，完善残疾人服务政策和服务体系，加强残疾人就学、就业、创业帮扶以及残疾儿童康复救助，推动残疾人基本公共服务便捷化，完善城市无障碍设施。

第十章　建设文化品质名城

2020 年 5 月 22 日，国务院《政府工作报告》提出"深入推进京津冀协同发展、粤港澳大湾区建设、长三角一体化发展"。粤港澳大湾区第三次被写入《政府工作报告》，迎来高质量发展建设新阶段。作为率先建设广东省高质量发展体制机制改革创新实验区，顺德提出建设粤港澳大湾区文化名城、品质顺德、品质生活新高地的目标。而文体旅产业融合发展作为由硬实力发展到软实力提升、高质量发展和品质生活提升的重要抓手，成为顺德未来城市高质量发展的关键突破口。

在"人民日益增长的美好生活需要和不平衡不充分的发展之间的矛盾"以及"消费升级"时代背景下，在文体旅融合发展政策引导下，在粤港澳大湾区打造世界级湾区发展机遇下，顺德不仅仅是"广东的顺德""佛山的顺德"，更是"湾区的顺德"。

借势粤港澳大湾区建设机遇，发挥顺德"湾区几何中心"战略区位优势，抢抓机遇，以"湾区客群"带动"顺德客群"、以"国际品质"打造"湾区窗口"的发展思路，以岭南水乡为本底，以美食之都为契机，突出顺德文化特色，推动全域旅游，推动粤港澳协同发展合作区、文旅体融合发展示范区建设，将顺德打造成为粤港澳大湾区国际化高品质文化休闲目的地。

一　传承岭南特色文脉建设
大湾区文化名城

坚持守方向、守立场、守根脉、守底线，坚定文化自信，加强社会主义精神文明建设，凝练岭南文化的时代精神，推进文化与城市融合发展，重点做强顺德特色的美食、功夫、岭南水乡文化品牌，将顺德建成粤港澳大湾区文化重镇。

（一）文旅融合，创新内涵

聚焦顺德"工业设计、珠宝、香云纱、文化遗产、音乐"等地域文化特色，重点扶持发展"文化创意产业和流行音乐产业"两大重点，扶持培育文旅企业，提升文旅产品内涵。

扶持文化创意产业发展。聚焦"工业设计＋文化旅游"。成立顺德区"设计+"跨界合作联盟，推进工业设计与文化产业、旅游产业融合发展；鼓励现状工业设计园区进行形象升级，以广东工业设计城为引领，扶持引导其他工业设计园区增设"工业设计主题展馆""创客工坊"等可体验、可开放的载体；鼓励工业设计园区利用节假日、夜间开设"文创市集"，丰富园区文化消费、旅游体验；整合现状文创赛事活动，捆绑大型工业设计赛事，打造顺德文化创意产业领域的品牌赛事。

聚焦"珠宝产业＋文化旅游"。鼓励珠宝企业跨界合作，打造"顺德有礼·珠光宝气"系列文创产品；对研发出文创 IP，并将产品推向市场的珠宝企业，提供资金扶持；鼓励珠宝企业与设计师参加文创设计赛事活动。依托珠宝小镇、周大福珠宝文化中心、3000亩珠宝产业园等产业载体建设或提升，发展珠宝时尚旅游；开发"顺德有礼"系列文创产品，作为重要环节植入现有珠宝节事活动，丰富珠宝文化旅游内涵。

聚焦"香云纱产业＋文化旅游"。做响"伦教香云纱"品牌，构建香云纱"名品、名家、名企、名籍、名节"品牌体系。打造多元化产业载体，提升广东香云纱文化产业园区，打造香云纱非遗文化生态公园、香云纱文化创新中心、香云纱文化艺术中心，构建香云纱非遗文化创意集聚区，做深香云纱旅游体验。

从"文化遗产"到"文化旅游"。响应博物馆之城建设要求，打造多主题博物馆，发展文博旅游。结合顺德区文化特色及重大文旅项目开发，继续补充推进新一批博物馆建设；通过"馆校合作"开展文博研学旅游，打造 4 条文博旅游主题线路；探索博物馆、文化馆、图书馆、艺术馆等公共文化服务场所延时开放，依托"图博联动·云享顺德"宣传平台，将目前的"三馆一中心"联动扩展至"全区图博联动"。

推动非遗文创发展，谋划"一中心，多聚落"的非遗文创发展格局。以大良街道人民礼堂为载体，在提升改造为顺德历史文化博览馆的同时，兼设顺德区非遗文创研发交流中心，打造成辐射全区的非遗文创研发、设计、交流平台。

创新管理体制，完善工作机制。出台鼓励旅游文化创意产业发展的政策，开通顺德区文化创意产业网。依托顺德区非遗文创研发交流中心（人民礼堂），开展国内外文化创意产业发展研究，组织国际级、区域级文化创意行业交流活动，助推顺德文化创意产业发展。

（二）扶持"音乐+旅游"融合发展

引导音乐产业发展壮大，鼓励吸引国内外音乐企业、音乐创客入驻顺德，支持原创音乐、音乐演出和版权交易等，引导粤剧粤曲创新发展。

推进"音乐+旅游"，提升城市艺术娱乐氛围。实施音乐展演进景区、进街区、进古村、进公园、进园区；依托全区文旅载体，植入音乐剧场、露天音乐广场；依托公共活动场所，植入露天音乐广场；鼓励以孔雀廊为代表的音乐产业主体开展音乐展演。

打造"古村音乐基地"，音乐产业赋能古村旅游发展。引导音乐院校、音乐机构、音乐企业、粤剧粤曲团体进驻古村，"跨界合作"打造古村音乐基地，将古村打造成音乐创作、音乐演艺与古村文创相结合的艺术村。

鼓励发展"戏剧+音乐"。由顺德区文化艺术发展中心主导，联合省市区曲艺团体组织、戏剧曲艺企业、旅游/非遗等跨领域行业组织，省市区联动打造"粤韵顺德·岭南戏剧节"，打造彰显岭南文化特色与顺德城市品牌的精品节庆，促进旅游演艺发展。提升现有音乐活动如"顺德北滘仲夏音乐节"活动规格，打造"粤港澳大湾区·顺德流行音乐节"，引进国内外知名音乐团队参加，提升音乐节旅游人气。

（三）扶持培育文旅企业

引进或扶持龙头企业。重点引进国内外大型文旅龙头企业，并在顺德设立具有独立法人资格的全国性、区域性总部。组建成立顺德区文旅产业发展集团公司和旅游发展投资公司，并培育成为顺德区文旅龙头企业。

培育文旅龙头企业。支持区内大型企业兼并重组，鼓励区内规上文旅企业业务范围向文旅复合型扩展，培育3—5家具有区域竞争力的文旅龙头企业。鼓励文旅企业联合高校、科研院所共建研发机构或基地，开展产学研合作，推动文化技术成果转化和应用。

培育孵化中小微企业。搭建孵化文体旅中小微企业的平台，加快推进中小文旅企业服务体系建设，引导和支持中小微文旅企业提高经营管理水平和自身市场开拓能力。为中小文旅企业争取国家的融资、财政税收、人力资源培训等方面的政策支持，建立中小文体旅企业发展专项基金，并引导金融机构创新金融产品，强化金融对文体旅企业成长的支持。

（四）工旅融合，彰显工业文化魅力

依托顺德现有的工业企业资源和工业遗产资源，顺应消费升级需求趋势，通过"工业+旅游"的发展模式，展示"顺德制造，中国骄傲"的光辉形象。

一是鼓励品牌企业发展工业旅游。依托顺德知名工业品牌发展工业博览旅游，打造一批工业旅游示范基地。加快推进工业旅游发展，鼓励顺德恒基工业旅游基地创建佛山市工业旅游示范点，对于成功创建国家级、省级、市级工业旅游示范基地（点）以及工业旅游示范单位的企业，给予一定的奖励与优惠政策。

二是促进工业遗产保护利用。落实国家《推动老工业城市工业遗产保护利用实施方案》，结合顺德区工业遗产情况，从"分级保护、重点示范、全区联动、制度保障"四个方面开展工业遗产保护利用。

开展资源认定管理，建立工业遗产分级保护机制。落实工业遗产保护，开展全区工业遗产/老旧厂房摸底调查、评估和认定，建设工业遗产数据库，尽快将具有重要价值的工业遗产核定公布为文物保护单位和珍贵可移动文物，并编制保护规划。对于濒危工业遗产抓紧修缮保养，加强动态监测与安全管理。

探索工业遗产保护利用，重点示范。根据《国家文物保护利用示范区创建管理办法（试行）》（文物政发〔2019〕27号）的创建要求，由顺德区人民政府主导，成立国家文物保护利用示范区建设领导小组，申报国家文物保护利用示范区；响应国家《推动老工业城市工业遗产保护利用实施方案》政策指引，研究制定推进工业遗产保护利用、打造"生活秀带"的工作方案，明确工作思路、目标任务、重点项目与保障措施，容桂街道先行先试，以顺德工业发展馆为核心，整合德胜河南岸工业遗产资源，打造集顺德城市工业记忆、文化创意、休闲体验于一体的"生活秀带"。

结合村改，全区联动，探索工业遗产、老旧厂房活化利用。基于工业遗产摸底调查，结合村级工业园改造，鼓励引导工业遗产、老旧厂房改造成公共文化服务空间、公共旅游服务空间，鼓励工业遗产、老旧厂房发展文化创意产业。

三是落实相关政策，为工业遗产创新利用提供制度保障。出台关于保护利用工业遗产拓展文化旅游空间的扶持政策，对于工业遗产改造利用提供方向指引，重点针对工业遗产改造利用中的难题，如立项、规划、施工、消防以及登记注册等，提出解决办法。

（五）体旅融合

首先，丰富体育产品服务供给。积极培育山地户外、水上、自驾等具有消费引领性的运动项目；丰富体育旅游新业态，积极培育 VR 运动、水上游艇、马术等时尚休闲运动项目发展，鼓励电竞产业发展，引入知名的成熟电竞赛事，鼓励开展电竞赛事活动，支持"电竞+文创/美食/旅游/音乐"，探索举办电竞周、电竞展、电音节、电竞嘉年华等活动；传承推广武术、龙舟、龙狮等民族、民俗、民间传统体育项目；加强对相关体育创意活动的扶持，鼓励开展体育影视、体育动漫、体育娱乐、体育音乐、体育摄影等体育文化产品的展示和评选活动；拓展体育健身、体育观赛、体育培训、体育会展等消费新空间，促进健身休闲、竞赛表演产业发展；加强体育赛事战略规划，积极引进与培育大型国际国内体育旅游活动赛事，鼓励有条件的旅游景区积极承接或承办体育赛事和体育活动，打造体育旅游品牌。

其次，推进体育旅游精品建设。强化示范引领，规划建设1个粤港澳大湾区体育旅游目的地（均安功夫旅游目的地）、1个省级体育旅游示范基地（顺峰山体育旅游示范基地）；不断完善体育旅游配套设施，提高体育旅游服务水平，规范和引导体育旅游目的地和体育旅游示范基地的建设，打造体育旅游品牌，扩大顺德体育旅游在国内外的影响力和知名度。

最后，培育壮大旅游市场主体。积极培育体育旅游龙头企业。鼓励旅游企业、旅行社参与体育旅游市场开发，策划、设计、开发和宣传体育旅游项目；鼓励专业人才创建体育旅游企业，开展体育旅游业务，推进连锁、联合和集团化经营，实现体育旅游企业规模化、集团化、网络化、集聚化发展；鼓励体育装备制造企业向服务业延伸发展，培育形成一批体育旅游自主品牌和骨干企业；鼓励企业加强自主研发设计能力，以山地户外、水上等户外运动为重点，开发市场需求大、适应性强的器材装备，满足大众体育旅游消费需求；尝试引入电竞职业战队、职业联赛俱乐部，完善本土电竞产业生态；鼓励发展房车、龙舟、赛艇、游艇、赛车等配套材料、设备及零部件制造，形成较为完善的配套产业体系；支持区内优势企业开展国内外合作，提升产业集中度，增强产品与项目开发能力；支持旅行企业、旅行社结合区内国际国内体育赛事活动设计开发体育旅游特色产品和精品线路；支持发展具有地方特色、民族风情的传统体育活动，推动特色体育活动与区域旅游项目设计开发相结合，注重体育类非物质文化遗产的保护传承，分期分批推出"全区重点体育旅游项目名录""体育旅游企业名录""特色体育旅游产品名录"。

（六）农旅融合，打造"岭南水乡"品牌

以岭南水乡为基底，整合顺德独特的农村农业资源，以"乡村旅游、休闲农业旅游和农特商品开发"为重点，"以农促旅、以旅强农"，促进农业产业链延伸、价值链提升，优化乡村生活。

一是塑造乡村旅游品牌。重点围绕"文化古村和美丽乡村"两类载体，打造一批"精而美、特而强、新而活"的旅游乡村，创新乡村生活旅居游和乡土民俗风情游，推进"岭南水乡"品牌建设。深度挖掘逢简、马东、碧江、林头、鹤峰、沙头、龙眼、沙窖古

村文化底蕴,创新发展古村文化旅游;结合美丽乡村建设,重点推进"苏岗、三洲、青田、仙涌、黄连、左滩、右滩"等乡村旅游示范村发展。

二是推进休闲农业旅游。围绕顺德花卉、水产两大优势主导产业,以深化国家现代农业示范区、省级现代农业示范区建设为契机,包装开发一批"花卉观光、鱼乐体验、亲子研学"等旅游产品。

三是建设"百里芳华"乡村振兴示范带。通过交通主干道及水道串点成线、连片成带,形成示范效应,奋力打造一条彰显岭南水乡特色的乡村振兴示范带,助力打造粤港澳大湾区宜居、宜业、宜游优质生活圈,助推乡村产业振兴、人才振兴、文化振兴、生态振兴和组织振兴。计划在顺德水道南北两岸沿线打造"百里芳华"示范带精华段(涉及伦教、勒流、北滘3个镇街),以北滘镇黄龙村为中心,两岸沿线以党建引领、现代农业、鳗鱼之乡、文旅田园、云纱故里、农耕记忆、红色文化等为主题,树立在全省具领先水平的乡村振兴品牌。

(七)商旅融合

依托顺德"南国丝都"的商贸文化底蕴,基于家具、花卉等商贸产业发展现状,结合潭州国际会展中心等综合性国际交流平台的建设,按照"商贸会展+

旅游休闲"双轮驱动的融合发展战略，推进"以商带游、以游促商、商旅共荣"的高质量发展。结合夜间经济集聚区等的建设，促进夜间经济商旅文体协同发展，更好地满足人民群众品质化、多元化、便利化消费需求。

一要做强平台，打造大湾区商旅首选地。依托潭州国际会展中心、乐从国际会展中心、罗浮宫国际家具博览中心、陈村花卉世界四大核心载体，打造大湾区商贸会展旅游目的地。按照"展城一体"的原则，建设以高端制造、研发、会展、物流、文化创新为特色的潭州会展城。释放乐从作为"中国家居商贸与创新之都"的品牌优势，以沙良河、英雄河为纽带，联动乐从国际会展中心、罗浮宫国际家具博览中心等周边资源。陈村花卉世界作为三龙湾"生态绿芯"的核心组成部分，联动周边仙涌村、庄头村，打造成为具有国际现代风貌的花卉世界主题公园、全国首席花卉小镇。

二要做特会展，创新会展经济价值体验。以潭洲国际会展中心为龙头，统筹全市会展资源，打响会展经济品牌。依托佛山市雄厚的制造业发展基础，以中国（广东）国际"互联网+"博览会、珠江西岸先进装备制造业投资贸易洽谈会为引领和标杆，举办能体现行业话语权和风向标的高端行业展会。结合家电、家具、陶瓷、珠宝等原产地优势，将会展业发展与产地类展会高度融合。结合"创新佛山""设计顺德"的建设，举办工业设计、文化产业等具有前瞻性的新兴产业会展，突出会展的科技性、体验性和娱乐性。

三要塑抓手，引爆夜间经济。基于《佛山市人民政府办公室关于推动夜间经济发展的实施意见》（佛府办〔2019〕26号），新增一批夜间经济载体，着力建设3个高品质夜间经济集聚区、30处夜间经济示范点、3个夜间经济精品项目，扩展旅游消费空间，丰富夜间消费需求，持续激发释放城市活力。编制顺德夜间经济消费地图，统筹顺德夜间经济集聚区、示范点、景区、美食、旅游、文化、体育健身、娱乐休闲、大型赛事活动以及交通设施运营保障等信息，线上线下联动，推动顺德夜间经济繁荣发展。

四要优业态，做大"顺德之夜"IP。着力打造丰富多元的夜间经济新业态。根据《佛山市人民政府办公室关于推动夜间经济发展的实施意见》（佛府办〔2019〕26号），围绕"夜宴、夜游、夜赏、夜购、夜旅、夜演、夜健、夜品、夜读、夜宿"十大任务，鼓励夜间经济消费业态从传统酒吧等夜间餐饮向文化消费、亲子消费、健身消费、游乐消费等更多业态外延，扩大"顺德之夜"影响力，打造"顺德之夜"文化IP。

二　优化公共服务设施，提升文化
服务和社会文明水平

以构建"主客共享"的公共服务设施体系为目标，本着"宜融则融、能融尽融"的原则，结合国家、省市的相关标准要求，通过"体系层次化、设施均等化和功能复合化"三大策略，构建由"区—镇街—社区"三级文体旅公共服务设施体系，实现文体旅公共服务全域覆盖，提升文体旅公服设施使用效率。加强公共服务文化建设，提升服务水平，营建文明社会。

第一，加大公共文化服务供给。加快建设高质量公共文化设施网络体系，提升和完善"五馆一院"①，加快建设区文化传播中心、德胜体育中心、区科学馆，确保镇（街道）文化站 100% 为广东省特级站，村（社区）综合性文化服务中心功能不断完善提升。建设顺德区群众文化艺术馆，扩大产业园区"智能文化家"覆盖面。依托新时代文明实践展示体验馆、图书馆、博物馆、文艺发展中心、非遗展示体验馆等公共文化设施，提升文化服务供给的品质和效率。统筹整合全区文化资源，举办"线上+线下"文化品牌活动。

---

① "五馆一院"：图书馆、文化馆、博物馆、美术馆（展示馆、纪念馆）、体育馆、影剧院。

加强公民科学素质建设，深入开展青少年科普教育，营造全社会热爱科学、崇尚技术的氛围。

第二，推动公共文化服务均等化、现代化。强化数字文化服务和流动文化服务，提高文化惠民工程的覆盖面和实施效果。推动爱国主义教育基地、博物馆、美术馆、公共图书馆、文化馆（站）等公共文化设施向社会开放。让阅读成为时尚，推动粤书吧、邻里图书馆、自助图书馆、读书驿站建设，搭建家门口阅读平台，打造以杏坛逢简和勒流黄连为试点的一批"双中心"融合示范点。以政府购买服务方式鼓励民营体育场馆提供低收费或免费服务，推动具备开放条件的学校体育场馆、足球场向社会开放。加强对农家书屋、农村电影放映工程的管理服务，实现城乡社区公共文化服务资源整合与互联互通。

第三，推动社会参与公共文化建设管理。坚持"政府主导、全民参与、共建共享"原则，完善"社工+文化"运作模式，推动社会团体、文化社工参与运营村居综合性文化服务中心。推动民办文化产业项目在顺德落地生根，鼓励文化服务多元化、多样化发展。积极推动鼓励群众自办文化设施，通过规范引导、命名授牌、星级评定、提供舞台和文化生态保护等措施，调动民办文化团体组织参与公共文化服务的热情，扩大文化设施对服务人口的覆盖面。

第四，提升社会文明程度。坚持治城必先育人的理念，推动形成适应新时代要求的思想观念、精神面貌、文明风尚、行为规范。深入开展习近平新时代中国特色社会主义思想学习教育，推动理想信念教育常态化制度化，加强党史、新中国史、改革开放史、社会主义发展史教育，加强爱国主义、集体主义、社会主义教育，弘扬党和人民在各个历史时期奋斗中形成的伟大精神。推进志愿者、志愿服务制度化建设，组建一批具有专业技能的志愿服务队伍，加快建立顺德区志愿者学院。大力开展文明餐桌、文明交通、文明旅游、文化传承、移风易俗等思想道德宣传教育和主题实践活动，引导市民自觉履行法定义务、社会责任、家庭责任。加强亲子阅读等文化活动，培育传承良好家风。加强网络文明建设，发展积极健康的网络文化。

三 全面发展文旅体产业

以"营造顺德文旅体融合发展环境与氛围、树立顺德文旅体融合发展的典范"为重点，初步架构产业发展的战略布局并树立品牌形象，将顺德文体旅产业培育成为引领顺德打造品质生活新高地的"首位突破口"，建设品质顺德。

第一，优化文旅体产业发展空间布局。立足各镇

（街道）地理空间、资源布局、文化内涵等基础，对接顺德城市发展格局，构建"一核引领、一环串联、五区协同"的空间结构，优化文旅体产业发展空间。建设各类文化产业发展载体，打造文旅服务平台，形成一批文旅休闲集聚区，推进全域旅游建设，将顺德打造成为粤港澳大湾区国际化高品质文化休闲目的地。

第二，推动发展文旅体融合发展。促进文旅融合发展，聚焦工业设计、珠宝、香云纱、牛仔、音乐等文化元素，大力发展文化创意产业和流行音乐产业。以广东工业设计城为示范，引导工业设计园区升级形象和功能。依托珠宝小镇、周大福珠宝文化中心、珠宝产业园等载体，推动珠宝行业跨界合作。将凫洲河"一河两岸"牛仔文化街区打造为时尚文化展示区，创新文化创意产业发展模式。构建香云纱非遗文化创意集聚区，推动创意设计赋能非遗。建设广东流行音乐产业园，支持音乐产业主体开展原创音乐、音乐演出和版权交易，壮大音乐产业。促进体旅融合发展，以均安功夫旅游目的地、顺峰山体育旅游示范基地为引领，推进体育旅游精品建设，培育体育旅游龙头企业。

第三，培育壮大文旅市场。满足"消费升级"需求，提升旅游购物、娱乐设施和酒店住宿供给数量和质量，丰富地域特色产品和创新发展专项旅游产品，不断提升旅游服务能力，至 2025 年，全年过夜接待游客量力争达到 630 万人次，旅游总收入力争突破 200 亿元。建设竞争有序的现代文旅市场供给和流通体系，培育文化旅游骨干企业，鼓励社会资本进入文化金融、文化企业孵化器、文化众创空间等新兴领域，创新文化产业资本投入模式，为社会资本进入文化产业创造良好的政策环境。鼓励文旅产业信息服务机构和平台建设，整合政策、信息、渠道，推动文旅市场繁荣发展。

四　建设顺德文化品牌

以粤港澳大湾区建设为发展契机，顺德将着力塑造"寻味顺德·功夫世界"城市品牌，并将从品牌定位、品牌培育、品牌推介、品牌效应四个环节，全面打通产品体系与营销体系，构建全面融合的顺德城市品牌体系。2020—2023 年，重点强化擦亮"世界美食之都"城市品牌，积极培育"世界功夫之城"城市品牌，提升优化"中国岭南水乡"城市品牌。2024 年到 2025 年，完成"美食、功夫"主题产品布局，"世界美食之都"品牌深入人心并在国际享有较高美誉度；"世界功夫之城"口碑效应明显，顺德功夫节事品牌在世界范围具有一定影响力；水乡环境得到进一步提升，"中国岭南水乡"成为中国水乡重点品牌之一，旅游吸引力持续增强。

第一，做强"中国岭南文化"。激活顺德水乡、戏曲、武术、古建、传统技艺等岭南文化基因，推动龙舟、龙舟说唱、人龙舞、八音锣鼓、香云纱、粤绣（广绣）、大良鱼灯制作技艺、双皮奶制作技艺等非物质文化遗产繁荣发展，建立非物质文化遗产代表性名录体系，打造非遗体验基地，培养新一代传承人。振兴粤剧艺术，探索以"民办公助"的形式支持壮大一批粤剧团体，与专业粤剧院校、院团合作打造高水平本土粤剧团，探索与广东舞蹈戏剧职业学院开展培养顺德本土戏剧曲艺人才新模式，开展粤剧下基层惠民活动，大力发展粤剧大观园等粤剧文化新阵地。加快以新建粤剧培训基地、粤剧进校园等方式，培养一批又一批粤剧人才，展现中国曲艺之乡新风采，弘扬民族文化。

第二，擦亮"世界美食之都"名片。加快建设优质粤菜食材基地，推动落实粤菜美食体验工程，打造寻味顺德小镇、德胜河一河两岸美食集聚区、清晖园—华盖里片区美食集聚区、北滘碧江金楼美食集聚区、潭洲会展中心美食集聚区等一批特色粤菜美食集聚街区。挖掘顺德美食文化渊源，做精花宴、百味鱼宴、龙舟宴等特色名宴，引导文化古村、水乡村落发展乡土美食。开展顺德菜标准化建设,进一步推动特色菜品标准研制和粤菜师傅标准化培训,推广粤菜粤厨。强化顺德美食宣传推广,统一顺德美食标识,打造粤菜文化体验园,提升"顺德美食文化周"等品牌活动影响力,探索可移动文物展、千年菜谱展等宣传美食方式,推动创意餐饮、创意工坊等休闲消费业态发展。

第三,建设"世界功夫之城"。做大李小龙故乡、顺德永春拳的品牌影响力,将顺德打造成粤港澳大湾区最具功夫特色的旅游休闲目的地、功夫研学基地。推动均安"功夫小镇"培育功夫文化体验、体育赛事娱乐、运动休闲康养等功能业态,推动杏坛打造"马东村永春文化体验区"。改建或新建一批以健身休闲为引领,融合餐饮、娱乐、购物等业态的体育综合体,打造功夫主题广场、功夫角,引导"广场武"。推动功夫进校园、进景区、进社区,营造全民习武氛围。培育和引进国内外知名体育赛事活动,搭建多层次功夫赛事活动体系。培育武术文化教育培训市场,支持社会力量兴办武术学校、武馆。围绕功夫元素开发功夫文创产品,推动功夫电影、功夫创意设计、功夫动漫、功夫电竞等新业态发展。

第四,建设"岭南文博之城"。利用美食、传统民俗、民间收藏等本土历史文化资源,打造一批具有顺德地方特色的主题博物馆。以人民礼堂为示范,打造顺德历史文化博览馆，建设麻祖岗遗址博物馆、桑园围和龙江水利历史展示馆等，多角度展示顺德历史。通过"馆校合作"开展文博研学旅游，打造一批文博旅游主题线路。探索"博物馆+"联动发展模式，推动博物馆与周边文旅项目串珠成链，策划博物馆专题游径。开展"唤醒古村记忆"行动，保护修复古祠堂、古民居等古建筑，拓展文化博览功能。

第五，提升以"工业原点"为代表的工旅品牌内涵。通过"工业+旅游"发展模式，进一步提升"顺德制造，中国骄傲"形象。融合大门水乡文化和工业原点资源，在顺德红岗科技城导入创新体验旅游和田园科技产业，围绕顺德糖厂打造百年工业文化长廊，重焕大良城西中心文化生机。深挖"百年容桂·工业荣光"内涵，以容桂时光工业文创旅游区为引擎、以顺德工业发展馆为核心，整合德胜河南岸工业遗产资源，建设工业文化创新体验旅游示范区。依托工业现有和遗产资源，打造一批工业旅游示范基地。

第十一章　推动人与自然和谐共生

　　绿色是高质量发展的底色，生态环保与高质量发展相互融合，密不可分。良好的生态环境是基本的民生需要，也是最普惠的公共产品。经济高质量发展的绿色内涵要求改善生态环境质量，提高经济发展的环境可持续性。顺德区以改善提升环境质量为核心，持续推进节能减排和绿色低碳发展，形成节约资源和保护环境的生产生活方式，实行严格生态环境保护制度，使顺德天更蓝、山更绿、水更清、环境更优美，将顺德打造成为粤港澳大湾区高品质的生态文明绿色城市。

一　加强生态保育及监控

　　第一，从优化生态空间格局入手，打造人与自然和谐的生态本底。结合顺德区水网密布的自然地理环境，以水为脉构建绿色协调发展的生态格局。完善生态建设区、生态保育区、景观与城镇发展功能区格局。推进城市生态修复、功能完善工程，全力推进城市生态绿心群、都市滨水生态长廊等重点工程。推进龙江里海文旅公园等 6 个万亩公园、顺德新城滨河公园等千亩公园建设。将小型规划绿地、城市边角地、闲置地改造成"贴心公园"。系统布局碧道空间，推动建成 290 千米碧道。加快全域美丽河湖建设，打造 10 条（片）以上特色美丽河湖、100 条（片）以上乡村美丽河湖，重点保护利用珠三角桑基鱼塘重要农业文化遗产。

第二，加强并完善生态环境监管体制。实行最严格的生态环境保护制度，严守生态保护红线、环境质量底线、资源利用上线，强化对水源涵养生态功能区、水土保持生态功能区等一般生态空间保护，确保主导生态功能不降低。加强生态环境保护督查督办，严格落实生态环境保护"一岗双责"责任制和"一票否决"制度，构建以绿色发展为导向的生态文明评价考核体系。继续深入推进环境影响评价审批制度改革，鼓励工业集中区编制规划环评。加强环境监察执法力度，探索建立覆盖全区域的"天地空一体化"大数据多功能区的生态环境监测体系。设立环境污染"黑名单"，推进环保信用评价和环保信息公开工作。建立重要水网生态系统保护和永续利用机制，持续提升生态系统质量和稳定性。探索对因实施生态保护而形成贡献的地区给予补偿，通过财政转移支付、生态补偿、地券等政策，实现对外围开放空间、生态敏感区域的利益补偿。

第三，提升环境风险防控能力。开展环境风险隐患排查整治，推进区域环境风险评估、防范与化解，提升环境应急保障能力。提升智慧环保决策能力。加强前端污染源管控，提升环保过程管控能力。制定突发环境事件应急预案，加强化学品泄漏、爆炸等事故应急救助设施建设。及时向社会公布环境监测信息，加强社会监督。加强环保执法力度，强化环境监管，有效控制环境和人群健康风险。

二 持续改善环境质量，打好污染防治攻坚战

第一，强化大气污染治理。以臭氧、二氧化氮污染防治为重点，优化能源结构、治理工业污染、防治移动污染源、控制扬尘面源，落实空气污染精准防治，着力推进多污染物协同减排控制。加强工业企业大气污染综合治理，加快整治工业锅炉窑炉污染，鼓励企业实施低氮燃烧改造。大力控制交通尾气排放，强化路检执法，大力推广新能源汽车及其配套设施建设。

严格控制施工和道路扬尘、餐饮油烟等污染，加强与周边地区空气污染联防联治。到 2025 年，空气质量优良天数占比达 90% 以上，PM2.5 年平均浓度控制在 30 微克/立方米以内。

第二，加强水污染治理和水资源保护。强化河道规划、保护、治理和利用，全面落实河长制，加大水系水体环境综合整治，开展黑臭河涌治理攻坚行动，加强水环境保护和水生生物资源养护，确保国考、省考断面稳定达标。重点推进农村分散污水处理站和城镇生活污水处理厂建设，推动城镇生活污水集中收集率实现全国领先。扎实推进河心岛生态修复、建设万里碧道东平水道省级试点段、桂畔海市级试点段，持续改善水环境质量，力争形成示范经验。加强饮用水源保护区保护，全面清理违法建筑、排污口等工业生活污染源。健全水源地水质监测体系、巡查和应急管理制度，保障饮用水水质安全稳定。建立地下水污染防治管理体系和监测体系，保护和改善地下水质量。提高污水处理能力，积极推动工业区工业废水集中处理，加强畜禽养殖业和水产养殖业的污染控制和清理，实现雨污分流和雨洪资源利用。到 2025 年，城镇生活污水处理率达 98% 以上，国考、省考断面水质优良率维持 100%。

第三，推进固体废物污染防治。提升固体废物无害化、减量化、资源化水平，从源头削减工业和生活垃圾，建立各类垃圾资源化回收利用体系，加快推进一般工业固体废物、建筑固体垃圾废料、农业农村固体废物等综合利用。发动区内企业自建危废处理设施，建立完善工业固体废物收集、运输、处置管理机制，参与全市危废收集转运系统建设。全面实施城市生活垃圾分类，继续创建生活垃圾分类示范片区，到2022年全区实现生活垃圾分类全覆盖，生活垃圾无害化处理率达到100%。

第四，科学防治土壤污染。深化土壤污染调查成果运用，按照用地污染分等级采取分类管控和治理修复措施，防范环境风险。强化土壤污染源头防控，加强工业企业土壤污染监管，加强耕地、养殖区、水源地周边的土壤环境保护。推进农用地分类管理，健全建设用地准入管理机制，强化受污染耕地和地块安全利用，保障农产品质量和人居环境安全。到2025年，土壤环境安全得到有效保障，受污染耕地和污染地块安全利用率达到95%以上。

三　加快绿色低碳发展，推动经济转型

第一，积极推动绿色生产。持续推进工业向绿色化转型，支持使用先进节能低碳节水技术、装备和服

务，改造淘汰高耗能工艺和设备，积极推进清洁生产。推进工业园区环境综合整治，严格禁止高能耗、高污染、高排放的制造环节，建设生态集约的现代化产业园区。转变能源消费结构，构建安全、绿色、集约的清洁能源供应体系。积极推进仓储物流、生态旅游、餐饮娱乐等行业节能节水降耗，打造绿色型服务业体系。

第二，大力引导绿色消费。以质量品牌为重点，建立绿色产品和服务标识制度，促进消费向绿色、健康、安全发展。推动公共机构开展节约示范，加大政府绿色采购力度。严格执行建筑节能标准，加快既有居住建筑节能改造，大力发展绿色建材，提高绿色建筑、超低能耗建筑比重，实现建筑绿色化。

第三，倡导简约低碳生活。推广绿色出行，加快新能源汽车推广，实现全区公交车新能源化。推广低碳驿站、近零碳排放社区建设。提倡节约用水，着力提升社区居民环保文明素质，引导公众树立环境忧患意识，打造更多"环境教育基地"。广泛倡导群众参加"地球一小时"等低碳宣传活动，强化公众参与，普及低碳环保理念，营造有利于低碳环保工作开展的舆论氛围。

第十二章　推进治理体系和治理能力现代化

法治是社会主义市场经济建设的内在要求，经济发展转型离不开法治的有力保障。为了推动新形势下顺德经济的高质量发展，必须秉承法治的理念、树立法治思维、利用法治方式全面贯彻"创新、协调、绿色、开放、共享"的经济发展新理念，并努力创新法治实践的方式、方法和有效途径，提升法治的整体供给能力和内在品质。顺德区从推进法治政府建设、营造市场主体法治环境、形成治理新格局等方面全面提升法治水平，推动社会治理现代化，坚持依法治区、依法行政共同推进，推动法治政府、法治社会一体建设，在推进治理体系和治理能力现代化上迈出坚实步伐，大力营造共建、共治、共享社会治理格局。

一　推动法治政府建设

第一，健全依法行政体制机制。推进法治政府建设示范区创建工作，加强对法治政府建设的统一领导、统一部署、统筹协调与督促落实，打造法治化营商环境的新名片。依法全面履行政府职能，严格依照法定权限和程序行使权力、履行职责。严格执行重大行政决策法定程序，健全重大决策事前评估和事后评价制度，畅通参与政策制定的渠道，确保科学民主依法决策。深化政务公开，全面推进决策、执行、管理、服务、结果公开。完善行政规范性文件合法性审查机制，强化行政规范性文件的制定和监督管理。推进档案事业建设。

第二，完善行政执法工作体系。全面推行行政执法公示、执法全过程记录和重大执法决定法制审核"三项制度"，加大关系群众切身利益的重点领域执法力度。进一步推进镇（街道）综合行政执法改革，加快镇（街道）事权目录调整以及配套机制建设。统筹推动跨部门、跨领域综合执法，加强行政执法指导监督，推动执法重心下沉。创新执法方式，采取巡查检查、督促改正、柔性执法等"治未病"方式，处理好执法与服务的关系。深化行政复议体制机制改革，发挥行政复议监督纠错功能。

第三，促进司法公正。全面落实司法责任制，完善审判制度、检察制度、律师制度。建立健全与司法权运行相适应的监督制约体系，加强对司法权的监督管理。加强司法保护，优化司法职权配置，畅通司法救济渠道。坚决排除对司法活动的干预，确保司法公正高效权威。

二　营造市场主体法治环境

一是保障市场主体合法权益。释放市场主体活力，推进市场主体"宽进严管"，营造社会公平竞争环境。健全公共法律服务体系，加大打击违法犯罪力度，开展制度规范合法性、公平性审查。平等保护不同所有制经济，维护企业合法财产利益。加大对民营企业司法保障力度，全力维护民营企业合法权益，依法打击涉企违法犯罪活动，加强警企常态化沟通与联系。进一步加强胜诉权益兑现，保护胜诉方的合法权利。

二是推进全民普法守法。深入推进全民普法。健全法治宣传教育机制，制定实施"八五"普法规划，加大全面普法和依法治理工作力度，完善"谁执法谁普法"责任制。开展全民法治素养提升行动，加强青少年法治教育，增强全社会学法、尊法、守法、用法意识，养成法治思维方式和法治行为习惯。加强基层法治建设，深入推进法治建设"四级同创"活动，将现代法治精神融入国民教育体系和社会文明建设中，形成社会"大普法"格局。

三　形成共建共治共享治理格局

第一，推动全域网格化治理。构建"1+1+N"网格小组，实现 1 个基础网格内配备 1 名专职网格员和多个专业处置部门协同运作模式，加强流动人口服务管理等综合治理工作，全力打造全域化网格治理"顺德样板"。完善各类社会综合治理功能模块建设，实现数据快速共享，确保事件流转高效处置。拓展网格化主动服务，坚持以群众满意为导向，针对特殊群体提供上门式"零距离"服务，切实打通政府服务群众的"最后一米"。激发民众共治热情，充分利用新媒体和新科技手段，调动群众参与社会治理的积极性，解决群众关心的难点和重点问题，实现全民齐参与、全民创平安、网格共治理的全域网格化治理新模式。

第二，营造新型社区生活共同体。完善党委领导、政府负责、民主协商、社会协同、公众参与、法治保障、科技支撑的社会治理体系，提高社会治理的社会化、民主化、协同化水平。积极探索县域治理体系和治理能力现代化实施路径，以村改成果支撑农村社会治理现代化，健全党组织领导下的"五治融合"社区营造创新模式。推动自治标准化、协同化，做实基层议事协商，发挥村规民约的自律规范作用。增强居民主体意识，加强社区的凝聚力和创造力。动员发掘多元主体和社会资源参与城乡社区建设，培育创新创优的服务项目和社会组织，推动社会组织、社区组织专业化发展，引导公益资源进一步下沉到社区，推动社会组织、社工机构、慈善组织参与到社区基层治理中来，建设一支有力量的村（社区）社工人才队伍，推动驻地社工下沉到乡村社区一线，提升社区服务的人性化和精准化水平。

第三，创新乡村治理模式。落实村改新增效益反哺乡村机制，增强农村集体经济"造血"功能，设立农村集体发展资金专户。强化集体"三资"管理水平，将农村集体资产管理纳入基层治理网格化，利用现代数字技术手段，通过一张图网格化可视地管理农村集体资产。依托"智慧顺德"大数据应用平台，推动数字乡村建设，实现村民民主管理、集体经济发展、农产品安全监测、人居环境整治等数据互联互通和分析预警，将损害集体利益、破坏人居环境等行为与股份分红、新市民入户积分制等挂钩，打造共建共治共享的新时代乡村治理格局。深化村企结对共建，拓宽党组织领导下的企业家、社会贤达、海外乡亲等各方力量参与乡村建设的途径。

参考文献

《习近平在省部级主要领导干部学习贯彻党的十九届五中全会精神专题研讨班开班式上发表重要讲话》，新华网，2021年1月11日。

习近平：《参加十三届全国人大四次会议青海代表团审议时的讲话》，《人民日报》2021年3月10日第1版。

《中国共产党第十九届中央委员会第五次全体会议公报》，新华社，2020年10月29日。

《中共中央关于制定国民经济和社会发展第十四个五年规划和二〇三五年远景目标的建议》，2020年10月29日。

《佛山市顺德区国民经济和社会发展第十四个五年规划和2035年远景目标纲要》，2021年5月。

李景治：《准确把握"新发展阶段"的历史方位和科学内涵》，《学术界》2021年第5期。

刘乐艺：《让幸福生活更有质量感》，《人民日报（海外版）》2021 年 3 月 12 日。

宋世明、马志良、毛鑫：《大道攻坚：顺德村级工业园改造纪实报告》，广东人民出版社 2019 年版。

吴日辉：《2022 年形成"顺德样板"》，《中国青年报》2019 年 2 月 21 日。

张军扩、侯永志、刘培林、何建武、卓贤：《高质量发展的目标要求和战略路径》，《管理世界》2019 第 7 期。

张曙红、张建军、周雷、胡文鹏、孟飞：《顺德再造》，《经济日报》2021 年 2 月 1 日。

赵狄娜：《开放顺德，走上高品质之路》，《小康杂志社》2021 年 8 月上旬刊。

朱朝贵：《顺德村级工业园改造样本面向全省推介》，《佛山日报》2020 年 12 月 15 日。

朱朝贵、黄才文、于祥华：《奋力书写走在前列的顺德答卷》，《佛山日报》2020 年 11 月 27 日。